イスラム

思想と歴史

［新装版］

中村廣治郎――［著］

東京大学出版会

まえがき

日本と中東地域との関係が日毎に深まっていく中で、その精神的背景となっているイスラム（厳密にいえば、イスラーム）に対しても、最近ようやく一般の関心が向けられるようになってきた。もちろん、イスラムは中東で生まれた宗教ではあるが、そこに限定されない。インド亜大陸を初めとして、インドネシア、マレーシアといった地域においても支配的な宗教である。それは、仏教やキリスト教と並ぶ世界宗教の一つである。

では、そのイスラムとは何であるのか。それはいかなる宗教であるのか。

実は、この問いに答えることはけっして容易ではない。そればかりか不可能でさえある。なぜなら、イスラムは、他の宗教についてもいえることであるが、これこれしかじかであると定義づけできるような固定的な実体として存在するものではないからである。これまでしばしば「イスラム」として説明されてきたものは、正確にいえば、特定の時代にできた教義であり、儀礼であり、制度にすぎない。これらはイスラムの一部――しかも周辺的なもの――でしかない。それはやがて変りゆくものである。重要なのは、それらをつくり出し、あるいは破壊さえしていくもの、すなわち神

（超越者）と人間との生きた人格的な関係である。イスラムでは、これはまさに「イスラーム」islām（人間の神への絶対的帰依）として表現されるものである。神とこのような関係を結ぶ人間が現実の具体的な歴史の中に生きている以上、その関係を表わす思想（象徴体系）も歴史の変化と共に変わらざるをえない。われわれにできることは、過去においてこの思想がどうあったか、それを直ちに具体的歴史に短絡するのではなく、神と人間、人間と歴史という関係の中に位置づけ、その変化の意味を理解し跡づけることでしかない。将来この思想がどう変わっていくのか、誰も予測はできない。それはムスリム（イスラム教徒）自らが主体的に決定していくことだからである。

もし本書にいささかの特色があるとすれば、それは第一に、イスラムを固定的にみることをさけてダイナミックにとらえ、同時にそれを歴史的にのみみることをさけようとしたことである。第二に、「思想」を神学や哲学に限定せず、広く神と人間の関係を表現するものすべてを含め、それらの間の内的な意味連関を有機的に理解するように努めたことであろうか。それが成功したかどうかについては、まったく自信はない。読者のご賢察に待つ次第である。

本書は、著者がこれまで大学で行なってきた講義の草稿や既刊の論文などを基にして、一般読者のために書き下ろしたものである。そのために、先学の研究成果を多く踏まえつつも、それらを一つ一つ註記することはせず、巻末に参考文献としてその主なものをまとめて提示した。読者の便宜を考慮してできるだけ入手しやすいもの、日本語の文献を中心に収録するようにした。

本書の執筆は、東京大学出版会の斎藤至弘氏のお勧めによる。浅学非才をも顧みずあえて筆をとるにいたったのは、イスラムについての適切な概説書がわが国にまだ少ないこと、さらに個人的には、不完全ながらも、著者の宗教学的なイスラム理解を世に問うてみたいというささやかな願い——と同時に危懼——があったことによる。大方のご批判を仰ぎたいと思う。

なお、本書は近代以前で終っているが、それ以後については、恩師W・C・スミス教授の優れた著書『現代におけるイスラム』(拙訳、紀伊国屋書店、一九七四年『現代イスラムの歴史』上下、中公文庫、として再刊)を参照していただければよいと考えたからである。

本文中に引用したコーランの節番号は「標準エジプト版」に従い、引用文の訳出にあたっては藤本・伴・池田共訳『コーラン』(中央公論社、一九七〇年)を主として参照させていただいたが、訳文は必ずしもそれにとらわれなかった。また、アラビア語の固有名詞の表記に際しては、慣用上やむをえない場合を除いて、煩わしさをさけるために冠詞(アル＝)はすべて省略した。

本書の刊行にあたって、斎藤至弘氏には最後までいろいろお世話になった。心から感謝の意を表したい。

一九七七年一月

中村廣治郎

目次

第六章　神学——カラーム…………………………………………一四四

第一章　聖典――コーラン

1　コーランとは

「読誦されるもの」

コーラン（正確にいえば、アル＝クルアーン al-Qur'ān）とは、アラビア語で書かれたイスラムの根本聖典のことである。「聖典」といえば、まず読むものであり、読んでその内容を理解し、そのようにして宗教的感動を与えてくれる優れた文献である、と今日一般に考えられている。ところが、そのような期待をもってコーランの翻訳を読んでみても、たいていは失望する。物語性の欠如に加えて、砂を嚙むように無味な法的規定、あまりにも常識的な道徳的訓戒、多神教徒や異教徒への執拗な非難・論争・攻撃、天国や地獄についての感覚的描写等々が俗語的ないい廻しでうんざりするほど繰り返し出てくるのを最後まで読み通すにはかなりの忍耐を必要とする。これがはたして聖典といえるものだろうか、という疑問をさえいだかせる。だが、それはわれわれの尺度を一方的にコーランに当てはめて考えているからにすぎない。もしそれだけで終ってしまうならば、ムスリム（イスラム教徒）に対してもつコーランの魅力や意味、さらにはコーランを根本聖典とするムスリムの信仰や行動を理解する道を閉ざすことになろう。

ムスリム――特にアラブ・ムスリム――にとってコーランがもつ魅力、それから受ける宗教的感動は、その思想内容もさることながら、まずアラビア語のコーランがもつ人間業《わざ》を超えた詩的韻律美と音楽的朗誦美の完璧さにある。コーランは確かに「書かれた」聖典ではあるが、例えばキリスト教の福音書や使徒パウロの書簡のように、人間が神（の行為）について書き記したものではない。それは、神が預言者ムハンマド（マホメット）に、あるいは彼を通して他の人々に直接一人称で語りかけた言葉をそのまま人間が記憶し、それをのちに集録したものである。いい換えれば、コーランの原本として「天に護持されている書板」Lawḥ Maḥfūẓ を神がムハンマドに直接誦み聞かせたもの、それがコーランである。

コーランは最初専ら記憶によって伝達されていたし、今日でも依然としてそれは記憶されるべきものと考えられている。記憶者（ハーフィズ Ḥāfiẓ）は当然その記憶しているものを他の人々に誦み聞かせてやらねばならない。「クルアーン」とは、元来、そのようにして「読誦されるもの」「読誦」を意味する言葉であった。このようにコーランは、通常の書物のように目で読んでその内容を理解するものというよりも、神がムハンマドに直接語りかけ、誦み聞かせたように朗々と声を出して誦むものであり、また耳で聞くものなのである。ムスリムはそこに人間の声以上のもの、読誦者の声を通して神自らが語りかけるのを感じるのである。そしてそこにこそ読誦する人、聞く人をとらえるコーランの魅力がある。コーランの思想内容がムスリムに訴えるのもまたそのためである。コーランは一句一句が脚韻を踏んだ散文詩の形式（これをサジュウ Saj‘ という）をとっている。その意味で「コーラン読誦」（キラーア Qirā’ah）は詩の朗読に近いといえる。他方では、あの抑揚に富み高くて張りのある朗唱の声、一瞬の間と静寂、それらはオペラのアリア以上に聞く者を美的陶酔に誘う。

このコーラン（読誦）のもつ詩的美しさは誰よりもムスリム自身がよく知っている。その文体や用語法の絶妙さは人間業ではとうてい真似のできないものと考えられ、そのことがすなわちコーランは神の言葉であって、人間ムハンマドの創作ではないことの何よりの証拠、つまりムハンマドの預言者性の証明（コーランの奇蹟性）であると考えられたのである。コーランを神の言葉と信じず、ムハンマドの創作としかみない者に対して、神はムハンマドにこういっている。

それとも「彼がすべてを捏造した」という者がいるであろうか。いってやるがよい、「それならこれと同様の文句を一〇ほどつくってみるがよい。そして神《アッラー》以外のどんなものにでもお願いしてみるがよい。もし汝らが本気でそういっているのなら。」と（11：13）。

いってやるがよい、「たとえ人間とジン（後述）とが一致してこのコーランに似たものをつくり出そうとしても、そのようなものをつくり出すことはできない。たとえ互いに助け合ったとしても」と（17：88)。

コーランの読誦がムスリムの宗教生活にとっていかに重要であるかは、それがイスラムにおけるほとんど唯一の宗教的感情の芸術的表現手段であることからもわかる。イスラムには彫刻絵画もなければ聖歌も教会音楽もない。あるのはただコーラン読誦だけである。コーラン読誦はそのようなものとして、学問的にも芸術的にもきわめて洗練されたものとなっていったのである。専門の「コーラン読誦者」（カーリ Qāriʾ）になるには、美声の持主であるだけではなく、芸術家が芸道に精進するように、永年にわたる勉学と修練が必要とされる。そのような読誦者によるコーラン読誦はまさに完成された一個の芸術である。

コーランの形式

コーランはその構成においてははなはだ機械的であることがまず目につく。その大きさはほぼ新約聖書と旧約聖書の中間位であり、全体が一一四の「章」（スーラ Sūrah）に分かれている。各章の長短はまちまちである。概して初期の章ほど短く、文体も簡潔で引き締っており、「……にかけて」という誓言形式（これは沙漠の巫者《カーヒン》 kāhin の語り口を思わせるものといわれる）で始まるものが多く、イメージに富み、時には意味の不明瞭な単語だけが並べられ、それがかえって聞く者に異様な雰囲気を醸し出すのである。

時代が下り、それも特にメディナ期になると、誓言形式はなくなり、文体もゆるやかな散文体に移行し、章も長くなってくる。内容的には、初期に多い終末の描写が徐々に姿を消し、次いで過去の預言者にまつわる話が中心となり、さらにヒジュラ（次章参照）後のメディナ期では律法的な問題についての言及が多くなってくる。現行のコーランでは、第一章（開扉の章）を除いて最も長い第二章以下、おおむね章の数がすすむにつれて短くなっており、したがって各章は、年代順とはほぼ逆の順序に配列されているとみてよい。

コーランの各章には名称がある。例えば、第二章「牝牛」、第四章「女」、第五章「食卓」といった具合である。だが、予想に反してこれらの名称はその章の内容とは無関係である。牝牛や女や食卓について各々まとまった話がそこにあるわけではない。せいぜい章の初めの部分にそれらの言葉があるというにすぎない。おそらくムスリムたちが個々の章を指し示すのに、そのような特徴的な言葉をもって呼んでいたのがのちに固定したのだろうといわれている。要するに、章の名称は単なる名前であって、けっしてその主題ではない。

そもそもコーランの各章には、第一二章「ヨセフ」を除いて、一貫したストーリーというものがない。コーランは、神が時々の状況に応じて、ある時は神の唯一性について、ある時は終末の出来事について、ある時は過去の預言者たちについて、あるいは、法的な問題やムハンマドの個人的問題、戦争などについて直接語った言葉が記憶され、メモされ、これがムハンマドの死後、形式的に――内容には一切手を触れずに――集録され配列されたものである。そこには人間による文学的作為はまったく加わってはいない。ここに聖典としてのコーランの特徴がある。

今日でもムスリムは頑なにアラビア語のコーランに固執し、その翻訳には否定的態度をとっている。これをどこにでもみられる頑迷な旧套墨守とだけみることはできない。アラビア語のコーランがもつ詩的朗唱美についてはすでに述べたが、翻訳はそれを奪い去ることを意味する。さらに、神学的にもっと重要な点は、コーランは神がアラビア語で語ったそのままの言葉であり、神がその一語一句を自ら選んだものだということである。そのようなものを翻訳することは、神が選んだ言葉を人間が別の言語に移し変えることを意味する。いわば本物に似せて模造品を作るようなものである。模造品がいかによくできていても、本物にとって代わることはできない。同様に、たとえコーランの言葉を忠実に他の言語に置き換えたとしても、両者の意味は完全に同一ではありえない。「翻訳された」コーランはもはや「神の言葉」としてのコーランそのものではない。それはせいぜいコーランの註釈にすぎない。翻訳に対するこのようなムスリムの態度には、模造品と本物との混同をあくまで拒否しようとする古美術家の態度と通ずるものがある。

書物としてのコーラン

コーランは神の言葉としての聖典であるが（その意味については次項で述べる）、同時に神が人間の言葉（アラビア語）で、しかも特定の時代状況の中で語ったものとして、通常の書物と共通する面をもっている。

ちなみにコーランは、ムハンマドが最初の啓示を受けた六一〇年頃から六三二年の死に至るまでの約二二年間、彼が「警告者」として、またイスラム共同体の宗教的政治的指導者として、メッカ、メディナで活動するその具体的な歴史状況の中で、それとの関わりの中で啓示されたものである。この意味でコーランは、人間の書物と同様に、歴史的な制約を負わされているといえよう。

一般的にいって、無限なる神が有限なる人間に自己を啓示する場合、必然的に神は自己を有限化し人間化せざるをえない。イスラムの場合のように、神が自己を言葉によって顕わすには、それは人間の言葉によって、しかも当時のメッカ、メディナおよびその周辺のアラブたちが理解できるような形で、また当時の人々の生活と関わりのある仕方でなされざるをえない。このようにして、コーランの表現形態や思想は当時のヒジャーズ地方を中心とするアラビア半島の言語形態、宗教状況、政治・経済・社会・文化状況と密接に絡み合ってくる。

このことは、逆にいえば、コーランの個々の言葉や思想、およびその「変化」の意味を正しく把握するには、それが啓示された具体的コンテクストを再現し、その中に位置づけて理解されなければならないということを意味する。紆余曲折を経ながらも近代ヨーロッパの実証的なコーラン（およびムハンマド）研究が辿ってきたのもそのような方向であった。

コーランそのものが前述のような歴史的制約を負わされている以上、それを歴史的に研究しようという方向はそれ自体では正当であるのみならず、コーラン理解にとってきわめて重要であり、かつ不可欠である。事実、個々の啓示がいかなる具体的状況の中で下されたのかということは、コーラン解釈学上の重要なきめ手として、ムスリムの学者自身によって早くから研究されてきたことでもある。

しかしながら、ヨーロッパの学者の研究と伝統的ムスリム学者の研究の間には決定的な違いがあった。ムスリム学者の研究が十分に歴史的でなかったこと、および彼らの史料批判のあまさなどが当然指摘されるにしても、もっと重要な点は、ヨーロッパの学者が専らコーランの歴史性にのみ注目して、他のより本質的な側面、つまりムスリムにとってそれは神の言葉として超歴史的な性格をもつという点を見落したこと、あるいはそれを充分に評価しなかったことにある。それは、暗黙の前提としてではあるが、コーランを人間ムハンマドの思想と同一視することに端的に現われている。その結果、コーランの中の用語、個々の観念や思想といったものは専ら彼がユダヤ＝キリスト教的伝統あるいはアラブ的伝統から受けた「影響」として、また彼が置かれた当時の政治的社会的状況の必然的結果として説明されてきたのである。

確かに、コーランはムハンマドの思惟形式として内在化しているという意味では、彼の思想であるといえる。しかし、ムハンマド自身およびムスリムがすべて神の言葉と彼の言葉とを厳密に区別している以上、彼らの主体的行動を理解するには、われわれも一応彼らの視点に立ってこの点を区別して見直してみることも必要なのではなかろうか。

「神の言葉」としてのコーラン

コーランは聖典であると観念的には認めても、ムスリムでない者には所詮それは一冊の書物以上のものではない。このことは他の聖典についても同様である。それを読んで感動を受けることがあるにしても、それは読む者にいや応なくある決断を迫ってくるようなものではない。ところが、信仰の目を通してみるならば、この「一冊の書物」は様相を一変する。それがどのように変わるのか、そして信仰者（ムスリム）にそれがどのような意味と関わりをもってくるのか――コーランを理解する場合、このような点を充分に考慮に入れておくことが本質的に重要である。

コーランはいうまでもなく、ムスリムにとって何よりもまず神聖な書物、つまり〝聖書〟である。ムスリムがコーランに対する態度は、われわれが神聖なものに対してとる態度とまったく同じである。その神聖性を汚すことは神を冒瀆することであり、きわめて危険な結果をもたらすと考えられている。そのためにムスリムはけっして不浄な状態でコーランに触れたり、それを読誦したりはしない。さらに、コーランに対するそのような畏敬の念は、その中の言葉の一つ一つ、およびそこに表現されている思想や命令に対しても等しく向けられるのである。それは、コーランが聖なる神の言葉であり、神が語ったそのままの言葉であると信じられているからである。神は常にその行為や業《わざ》を通して世界に自己を顕わすが、他方では、人間の言葉によって自己を顕わす。事実、神は天地創造以来これまで、多くの「使徒・預言者」（イスラムでは、両者は一般に区別されない）を遣わして人類に自己の意志や命令を伝えてきた。もっとも、人間の不信仰と罪のために、これまで神の言葉が地上に正しく生かされることはなかったが。コーランはそのような神の自己啓示の中で最も完璧でかつ最終的なものと信じられている。キリスト教では、神はイエス・キリストの死と復活という歴史的ドラマの中に最終的に自己を顕わしたとすれば、イスラムでは、まさにコーランの言葉そのものの中に神は自己を顕わしたのである。この意味で、コーランの言葉は神そのものとみなされるのである。「コーランの非被造物性」の主張(後述)の根拠はここにある。

コーランは神の自己啓示であるとすれば、神に絶対帰依し服従すること——これが「イスラーム」islām の本来の意味である——それは具体的にはコーランの言葉に従うことにほかならないし、逆にコーランの言葉を信じ、それに従うことは、神を信じ神に従うことを意味する。そのようなものとしてコーランは、信ずる者に無条件的な服従を迫ってくるものである。コーランの言葉に従うのに理由を必要としない。神に服従するのに理由は不用だからである。いい換えれば、コーランこそ正邪・善悪に関する人間のあらゆる価値判断の究極的基準であり、人間の行動における最高の拠所となるべきものだからである。

神の言葉は永遠に神と共にある。とすれば、コーランの言葉は歴史を超越して妥当する不変の真理だということになる。確かにコーランの神は一定の歴史の場の中で自己を顕わした。しかし、神の言葉はそれが語られた具体的状況の中で理解されるべきものではあっても、その本質的内容がそれで尽きるものではない。それは歴史の枠を越えて普遍的に妥当するものであり、またそのようなものとしてあらゆる時代のムスリムの思想や行動を規制してきたのである。コーランはけっして七世紀のメッカ、メディナの社会でのみ通用するものではない。いつの時代のいずこのムスリムにも、神は常にその中で「汝」として語りかけていると信じられているのである。

だが、個々のムスリムがいまの「私」に神が何を語りかけ命じていると解釈するか、要するに、コーランの中の「特殊」をいかに「普遍」化し、それを各時代の「特殊」状況にいかに適用していくかということは、解釈学および法学上の大きな問題であり、ムスリム自身の創造的解釈にまつよりほかはない。いずれにしても、コーランはムスリムに対して常にそのようなことを要請してきたし、ある意味でこれまでのイスラムの史的展開はこの要請に対するムスリムの応答の結果であるともいえる。

2　コーランの思想(一)――信

神　コーランの中で繰り返し強調されている最大の使信は「汝らの神は唯一なる神」(2：163)、神はただ一つであり、それ以外に神はない、という一神教の原理である。神(アッラー Allāh)は全知全能であり、天地万物の創造者・支配者である。神の力は普遍であり、この世に存在し生起するもので一つとして神の意志と力によらないものはない。

神が一つであるということは、万物の主たることにおいてそれだけで充分であり、伴侶も助力者も必要としない「並ぶものなき神」（42：11）ということである。神に比べられるものは何も存在しないということは、超越神であるということを意味する。神が超越者であるということは空間的時間的な意味においてではない。神はその本質・属性において、被造物からの類推を一切拒否する存在だということである。

このようにコーランでは神と被造物との隔絶性が強調される一方、神は「各人の頸の血管よりも近く」（50：16）にあり、人間の言葉で人間のように自己を語り、また人間のように見たり聞いたり、喜んだり怒ったり、思い直したりもする人格神であることも強調されている。神は世界を超越した存在であると同時に、それに直接関与する存在でもある。

この神はまた、悪人を罰し、信仰し行ない正しい者にはよい報いを与える義の神である。しかし、同時に神はまた、「悔い改めて帰ってくる人々には、すべてを快く赦し給う」（17：25）慈悲深き神でもある。かと思うとコーランには、「〔神は〕御心のままにある者を迷いの道に陥れ、また御心のままにある者を正しい道に導き給う」（14：4）、「天と地の主権は神に属す。誰を赦し、誰を罰するもすべては御心次第である」（48：14）、「〔万物を〕生かすも殺すも、〔すべてはこの神の〕お計らいである」（44：8）、「神はその僕《しもべ》たちの上に絶対の君主として臨み給う」（6：17—18）といった表現が数多くみられる。これらは従来しばしばイスラムの神の恣意性を示すものと解されてきたが、この解釈は正しくない。それはただ、神の絶対的自由、神は人間理性の尺度を超越した存在であること、したがって人間はこの神に依りすがるより以外に救われる道のないことを強調して表現したものにほかならない。

天　使

イスラムのように徹底した一神教でも、神と人間との中間に位する超自然的存在が認められている。天使、ジン、サタンがそれである。

天使（マラーイカ Malā'ikah）は神の命令に忠実に従ってさまざまな役割を果す存在である。まず、大天使のうち最も重要なものとしてコーランにはガブリエルとミカエルの名があげられている。特にガブリエルは預言者ムハンマドに神の啓示を伝えたり、また「聖霊」Rūḥ Qudus としてイエスを強化した天使として最も有名である。その他、天地の終末を告げるラッパを吹き鳴らす天使（イスラーフィール Isrāfīl）、死者の魂を引き取る天使、審判に立ち会う天使、それを記録する天使、地獄の番をする天使のほかに、天の玉座を支えて常に神を讃えている天使、信仰者たちの戦闘を助ける天使等々、さまざまな天使の存在が認められている。

次がジン Jinn である。これはイスラム以前にすでにアラビア半島において信じられていた一種のデーモン（霊鬼）であり、いろいろに変化《へんげ》して現われては人間に悪戯をしたり危害を加えたりするものとして恐れられていた。コーランでは、ジンにも人間と同じくさまざまな党派があり、その各々に使徒が遣わされ、あるものは信仰し、他のものは信仰を拒み、審判の時には人間と同じように裁きを受けるといわれる。ただ人間と違って、ジンは燃える火からつくられたといわれる。

最後にサタン（シャイターン Shaiṭān）について。コーランではこれは「イブリース」Iblīs の名でも呼ばれている。ジンや天使との関係は曖昧である。サタンが火でつくられ、また「もともとジンの一族であった」（18：50）ということから、ジンの一種とも考えられるが、他方では、神がアダムをつくり終え、居並ぶ天使たちにアダムを跪拝するようにいうと、イブリースだけがそれを拒否したために、楽園から追放された（7：10―18）、と述べられていることから考えると、天使の一種であったともとれる。

いずれにしても、サタンは楽園を追放され、神罰を受けるはずであったが、審判の時まで神に猶予を願い、その間人間をすべて誘惑し神に背かせると豪語して神の許しを得たのである。サタンはその他、天界での「御前会議」を盗み聴きしようとするが、流星に追われて果せないともいわれる。サタンは、しばしば複数形で用いられていることからわかるように数多く存在するが、その機能については天使ほど分化していない。

世　界　神は六日で天地を創造したという。これについてのコーランの記述は旧約聖書の「創世記」の記事ほど詳しくはないが、それと軌を一にするものである。この神の創造は、「われらが何事かを欲する時には、ただ一言、これに『在れ！』といいさえすればたちまちその通りになる」（16：40）といわれているように、無からの創造である。

神は世界（ドゥンヤー Dunyā）を最初に創造しただけではなく、神の創造行為はそれ以降も断えることなく続いている。世界の存在そのもの、およびその秩序が維持されているのはそのためである。もし神が望むならば、この世界は一瞬のうちに無に帰してしまうことも可能である。このように、世界はまったく神の意志と力によって支配されている。

まこと汝の主は神アッラーである。天と地とを六日でつくり、〔創造が終ると〕それから高御《たかみ》座《くら》につき、昼を夜で覆い給えば、夜は昼を休みなく追っていく。太陽も月も星々もその御言葉のままである。ああまことに、創造の業《わざ》と〔天地の〕支配が〔神〕のものでなくてなんであろう。讃えあれ、万有の主なる神に（7：54）。

人間の創造についても同様である。神はまず人類の祖アダムを塵——あるいは大地や陶土——からつくり、それに形を与えて息を吹き込んだといわれる。

すべてのものを完璧につくりなした上、人間を泥土から創造し、その後裔を卑しい水の精からつくりなし、その形を整え、最後に息を吹き込んで下さったお方。汝らに耳や目や心を備えて下さったのもあのお方である。それなのに汝らは一向に有難いとは思わない（32：7—9）。

アダムがつくられ、さらにイヴがつくられてからは、「卑しい水」（精液）、それから凝血、肉塊ができ、骨ができ、さらに肉がつくというような一定の生物学的順序に従って、神は「アダムの子ら」（人間）をつくっていった。このように神による万物の創造は、絶対的ではないにしても、一定の順序に従ってなされる。そこから宇宙に一定の秩序が生まれるのである。

ところで、神の世界および人間の創造は人間自身に対する神の恩恵にほかならない。

神こそは汝らのために夜を設けて憩いの時となし、昼を設けてものが見えるようにして下さったお方である。これほど神は人間に対して優しくして下さるのに、大ていの人間は有難いとも思わない。汝らの主なる神とはこうしたお方である。あらゆるものの創造主、その他に神はない。それなのに汝らはなぜそうよそ見ばかりするのだろうか（40：61―62）。

こうして人間は、神からそのような恩恵を与えられていながら、有難いとは思わない。それは万物の主たる神の存在に気付かず、あるいは気付いてもそれを認めようとしないからである。それは、自己の現世的力に対する過信からである。でくにすぎないものを神として崇めたりするのは、それらが自己の現世的力を強化してくれると信じるからである。イスラムにおいて「無信仰」を意味する「クフル」kufr という語は、元来、そのような神の恩恵に対して「感謝しない」「有難く思わない」という意味の動詞「カファラ」kafara から派生したものだということは、この意味で注目すべきことである。

世界は人間のために創造されたものである以上、それ自体はけっして否定されるべきものではない。むしろ、神が与えてくれたものはこれを充分に享受し、現世における人間の福祉向上と繁栄のためにそれを積極的に生かすようにしなければならない。コーランはけっして現世否定的な禁欲倫理を説いてはいない。

ただその際重要なことは、恩恵の主たる神に対する感謝の念を忘れないことである。人間はとかく神から授けられた地上的なものに目を奪われ、それを絶対視してしまう。そこから執着が生まれ、争いが生じる。現世の財は神から授けられたものであるならば、独占すべきものではなく、他と分かち合い、相互の地上的福祉のために用いられるべきものなのである。コーランには、繰り返し自己の財を「神の道」に用いるべきことが強調されている。そのようにして地上のものは初めて神の目にかなうものとなるのである。

いずれにしても、来世に比べれば現世ははかなく、旅人の一夜の宿りでしかない。そこに絶対的な価値はない。旅の目標は来世にある。だが、現世それ自体はこのようにとるに足りないものであっても、人間の来世における運命はまさにこの現世における一人一人の信仰と生きざまにかかっている。とするならば、はかない現世とはいえ、それをどう生きるかということが改めて宗教的に重要な問題となるのである。

来世

世界には初めがあると同様に終りがある。これが終末であり、そこから来世（アーヒラ Ākhirah）が始まる。終末は未曾有の天変地異となって現われる。例えば、

天が裂ける時、
幾多の星が飛び散る時、
海洋が溢れ出る時、

幾多の墓が掘り返される時、
魂はすでになせること、あとに残せることを知る（82：1—5）。
人間はすべてその墓からあばき出され、死ぬ前と同じ姿に戻される。これが復活——「第二の創造」——である。この蘇りののち、人間は一人残らず神の前に引き出され、審判をうける。各人の生前の信仰や行為が記録されている「帳簿」が手渡され、それが目の前で開けられ、自己の信仰と所業がすべて明るみに出され、秤で計られる。その結果信仰者は天国に、無信仰者は地獄へと入れられる。

終末がいつ到来するかは誰にもわからない。一年先か、一月先か、あるいは明日かもしれないし、一瞬先のことかもしれない。いずれにしても、それは何の前触れもなく、ある時、突然やってくる。そうなってからでは、もはやどうにもならない。いかにあわてたり後悔したりしても無駄である。初期の啓示には、終末は間近いという緊迫感に溢れたものが多く、ムスリムたちは刻々と迫りつつある終末に希望をつなぎ、何を措いてもまずそのための準備をしなければならないという終末意識に支配されていた。

さて、審判が終ると、「信仰し善行に励んだ」者は楽園に入れられ、そこで永遠の至福の生活を送ることになる。何の気遣いもなく、こんこんと湧き出る泉、緑したたる樹蔭でおいしい果物を心ゆくまで食べ、美しい乙女を妻として与えられる。これに対して、信仰せず不義をはたらいた者は地獄に落され、そこで永劫の責苦を受ける。ぐらぐら煮えたぎる汁や熱湯、どろどろの膿汁を飲まされたり、「あますところなく皮膚をじりじり焼き通され」(74：28―29)、あまりの苦しさにひと思いに死にたいと思っても死ぬことができない。

コーランの描写はまことに感覚的である。それをどのように解釈するかは別にして、焼けつくような沙漠に近い環境の中で生活している人間にとって、せんせんと泉の湧き出る緑の園で、美女にかしずかれて酔い心地のよい美酒を飲み、おいしい新鮮な果物を腹一杯食べること――これこそ人間の最高の幸福を意味したことであろう。これに反して、地獄の劫火でじりじり焼かれ、冷たい水の代わりに濃汁や熱湯を飲まされることがいかに苦しいことであるかは容易に想像がつく。

かように世界は神の無からの創造によって始まり、終末をもって終る。そして、この終末はある日ある時突如としてやってくる。しかも審判に際しては、地上的な財や力は一切役に立たない。ただ人間一人一人の信仰と行為だけが問題なのである。これが預言者ムハンマドの伝えた神の「警告」だったのである。

人間

コーラン全体を通じて繰り返し説かれていることは、人間（インサーン Insān）は各々自己の信仰と行為に応じて報いを受けるということである。正義を行ない、善行をなせばよい報いを受け、罪を犯し不正をなせば悪い報い（罰）を受ける。そこにあるのは厳正なる因果応報の倫理である。

> 天にあるものも地にあるものも、すべては神に属す。されば悪をなす者には相応の報いを与え、善をなす者には最善の報いを授け給う（53：31）。

そこにおいて前提とされていることは、人間は自由なる主体的存在として自己の行為に対して責任をもつということである。そもそも人間に対して信仰を勧め、ある行為を命令（禁止）するということは、人間がそれをするかしないかを決断する自由とそれを実行する能力をもっていることを前提としている。人間は神の命令に従うこともできるし、それに背くこともできる。この点が他の被造物と異なる点である。このような人間の主体性は、次の一節の「荷物」（アマーナ amānah）に象徴的に示されている。

> 我らは初め天や地や山にこの荷物を預ってくれないかといってみたが、皆とても重くて持ちきれないと尻込みし、怖れるだけであった。人間だけが引受けたのはよかったが、たちまち横暴で無軌道の本性を発揮した（33：72）。

ところが、コーランにはこれと矛盾するような主張が幾つかある。その一つは、人間の行為は、他の被造物と同様にすべて神の力によるものであり、また神の意志として予め定められているというのである。これがイスラムの予定説である。特に、人間の信仰・不信仰は恣意的とも思われる神の意志によって自由に左右されるともいわれる。

> 神は導こうと欲し給う者があれば、その人の胸を拡げてイスラムを〔受け入れ〕易くし給う。

しかし、迷わせようと欲し給う者には、胸を抑し縮めてまるで天にでもよじ登ろうとする者のように〔息苦しく〕し給う。神は信仰を受け入れない人々にはこのように重い罰を加え給う（6：125）。

いま一つ注目すべき点は、人間の罪性と神の赦しである。神の圧倒的力を前にしては人間はまったく微々たる存在にすぎない。もともと「泥土」や「卑しい水」からつくられたとるに足りない弱い存在なのである。確かに、他の被造物と異なる人間の尊厳は、神が「息を吹き込んで」つくった存在であり、神の預けた「荷物」を引受けたことにある。しかし、そのためにかえって人間はたちまち「横暴で無道者の本性を発揮」することになってしまう。そして、その無知と愚さと弱さの故に、善行をなそうと思いつつもかえって罪を犯してしまう。だが、神は慈悲深く寛大である。人間が罪を懺悔し、悔い改め、心から神に赦しを乞い求めるならば、神はそれを受け入れてくれる。ここに因果応報の論理だけでは片附かない人間の問題がある。

いってやるがよい、「多くの罪を犯したわが僕たちよ。それでもまだ神のお慈悲を諦めてしまうのは早すぎる。神はいかなる罪もすべて赦して下さるお方である。まことに心優しく慈悲深いお方である。早く主の方に〔改悛の〕顔を向けてすべてをお委せするがよい。天罰がやって来ないうちに。そうなってからではもはや助からない。主が特に汝らに下し給うた〔御言葉の〕最善のものに従ってゆくがよい。思いがけない時に不意に天罰がやって来ないうちに」と（39

：53—55)。

神は御自分が他〔の偶像〕と一緒に並べられたなら絶対に赦しては下さらない。しかし、それ以外のことなら、気のお向きになった者には赦して下さりもしよう（4：48)。

人間は神の有限なる被造物である。人間が不義を犯さざるをえないということは、その必然的帰結でもある。この認識を欠くと傲慢や独善が生まれる。神に罪の赦しを求めるということは、そのような人間の罪性——のちの神学用語でいえば、人間の「被造物性」'ubūdiyah——の表白、自力による救済の不可能性の告白であり、それはまた同時に神の「主たること」rabbāniyah の告白でもある。もちろん、神は絶対的に自由である以上、神の赦しは必然ではない。もしそう考えるなら、それは思い上がりであり甘えである。だがこの神は人間にさまざまな恩恵を与えてくれた神であり、自己に従順な僕に対しては限りなく優しく「慈悲深く慈愛あまねき」神である故、人間はその赦しを固く信じそれを期待し、その恩恵に対して感謝しつつ、神の正義の実現のためにより一層努力しなければならないのである。なぜなら、この神は慈悲深い神であると同時に、また義の神でもあるから。このようにイスラムでは、神への信仰は常に人間の具体的な倫理的行動を通して表現される。この意味でイスラムは優れて倫理的宗教であるといえよう。

3　コーランの思想(二)――行《ぎょう》

「行」の二区分　コーランは、信仰する者がその信仰をいかに具体的に表明するか、この世において従うべき正しい行為規範は何か、についても具体的に述べている。いまこれらをムスリム（イスラム教徒）自身の区分に従って二つに分けると、一つは「イバーダート」'Ibādāt と呼ばれるもので、人間が神に対して神への帰依の心を直接表白する行為、つまり儀礼的行為である。他は「ムアーマラート」Mu'āmalāt と呼ばれるもので、人間相互の関係の正しいあり方を述べた倫理的法的規範である。

イバーダート　その第一は「礼拝」Ṣalāt である。これは、人間が目に見えない神に向き合ってその僕たることを端的に表明し、同時に神の「主たること」を讃える行為である。礼拝の具体的な形式についてはコーランは何も述べていないが、それが今日みられるようなものになったのは預言者ムハンマドのスンナ Sunnah（範例）によるものである。礼拝の時刻についてもコーランでは、「日の昇る前、日の沈む前」（20：130）、「昼間の両端」「夜の浅い頃」（11：114）、「真中の礼拝」（2：238）といわれているように、必ずしも最初から一定していたわけではなかったが、のちには暁、正午、午後、日没後、夜の五回と定められる。コーランにはこの他、金曜日の集団礼拝（62：9—10）、礼拝の前の「浄め」（タハーラ Ṭahārah）の作法などについても述べられている。

第二が「喜捨」（ザカート Zakāt）である。コーランでは、「神の道」に自己の財を使うべきこと、貧しい者や困窮者、旅人、孤児たちに富を分ち与え、相互に助け合うべきことが繰り返し説かれている。それは相互扶助のためばかりではない。「己が心の貪欲にどこまでもうち克ち」（64：16）、「己の身を浄める」（92：18）ためでもある。吝嗇や富に対する執着は何よりも神に頼る心の欠如を意味するからである。そのようなものとしてコーランには、特に改悛や贖罪などのために喜捨をすることが勧められている（9：102—104）。とはいえ、イスラム以前のアラブの間でしばしばみられたような無思慮な濫費はきびしく戒められている。このような「自由喜捨」の他に、すべてのムスリムが義務として支払うべき「定めの喜捨」もやがて制度化され、またその使途についても規定されてくる。この「自由喜捨」と「定めの喜捨」はのちにイスラム法（シャリーア Sharī'ah）では、前者が「サダカ」Ṣadaqah、後者が「ザカート」Zakāt として用語の上ではっきり区別されてくる。

第三が「断食」（サウム Ṣawm）である。イスラム暦（太陰暦）第九月のラマダーン月には、病人、旅人、子供などを除くすべてのムスリムは、日の出から日没まで一切の飲食を断つことが命ぜられている。その理由についてコーランは単に、断食をすれば「真に神を畏れかしこむ気持が出てこよう」（2：183）と述べているにすぎない。だがムスリムにとっては、それが神の命令であるというだけでそれを守るに充分な理由である。その他、誤って信徒を殺したり、誓約を破ったり、誤って離縁した女を復縁させたりする場合などに、喜捨と並んで贖罪行為として断食を行なうことが勧められている。

第四が「巡礼」（ハッジ Ḥajj）である。これはイスラム暦第一二月のズール・ヒッジャ月に行なわれるメッカの「神の館」（カァバ Ka'bah 神殿）への大巡礼のことである。この神殿は遠い昔アブラハムがその子イシュマエルと共に建立した聖殿であり、「人々のために設けられた最初の聖殿」（3:96）として、また神が「人々の拠所」（5:97）「一切の生物の導きとして設けたものである。……この聖殿への巡礼は、そこに旅する余裕のある限り、人々にとって神への義務である」（3:97）。巡礼中のさまざまな儀礼や作法、その間の諸禁忌などについてもかなり詳しく述べられているが、より具体的な点はムハンマドのスンナ（範例）に基づいてのちに規定されたものである。その他、ズール・ヒッジャ月八、九、一〇日のこの「大巡礼」とは別に行なわれる私的な「小巡礼」（ウムラ 'Umrah）についても述べられている（2:196）。

以上、四つの主な義務について述べてきた。これに、ムスリムが常に表白しなければならない「信仰告白」（シャハーダ Shahādah）——「神は唯一にして、ムハンマドは神の使徒である」——が加わって、ムスリムの最も重要な五つの義務（「五柱」）を構成する。

　これはイスラム共同体内の人間相互の関係の正しいあり方を述べた倫理的法的規範である。最も一般的な形では、「信仰し、正しい行ないをする」ようにということがコーランの中で繰り返し強調されているが、より具体的には、次のような倫理的義務があげられている。(1)神《アッラー》のほかに別の神を設けないこと、(2)両親には優しくすること、(3)近親者、貧者、旅人に当然与えるべきものを与えること、(4)浪費をしないこと、(5)吝嗇をさけること、(6)貧困を恐れてわが子を殺さないこと、(7)姦淫に近づかないこと、(8)不当に他人を殺さないこと、(9)孤児の財産に手を触れないこと、(10)契約を守ること、(11)量目を正確に計ること、(12)自分の知らないことを行なわないこと、(13)得意然として歩かないこと、である（17：22—39）。これは「モーセの十戒」を思わせるものであるが、その各々の項目はコーランの随所に単独でもしばしば繰り返されている。

　この他、忍耐、証言における正直といった徳目に加えて、訪問、挨拶、食事、言葉遣いなどに関するものから、使徒個人やその妻に対する礼儀作法についても述べられている。

　しかし、コーランの規定は単にこのような倫理的徳目に限定されず、ムスリムの日常生活の具体的な法的規範をも含むものであり、そこにコーランの規範の特徴がある。コーランは人間に「行ない正しくあれ」と命じるだけではなく、社会生活の具体的場面において何が正義であるかをも明らかにしているのである。

　例えば、婚姻に関することでは、まず妻の数、結婚してはならない女、結婚の際の婚資 mahr、婚資を支払う余裕のない男性の結婚、妻の不貞、姦通、奴隷の結婚、夫婦関係および夫婦生活のあり方、妻の月経、夫に先立たれた妻の扶養と再婚、多神教徒や「啓典の民」（後述）の女との結婚、等々についての規定が述べられている。離婚についてみると、まず離婚手続、離婚したあとの女とその子に対する扶養義務や態度、離別した女との復縁の手続、離婚した女の再婚、等々について言及されている。

この他、遺産相続についての相続人や相続分、遺言の仕方、貸借関係のあり方、利息の禁止、孤児に対する扶養や後見、殺人、窃盗、女性に対する中傷などに対する刑罰と報復、証言、誓約、誓言などの他に、賭矢や占矢の禁止、酒、豚肉、死肉などの飲食物に関するタブー的規定も含まれている。

最後に、コーランではムスリムの宗教的義務として「ジハード」Jihād が強調されている。この語は通常「聖戦」と訳されているが、本来の意味は「努力」であり、「神の道に奮闘努力すること」であった。「信仰に入り、〔家郷をすてて〕移住し、神の道に己が財産と生命をなげうって奮闘した者は、神の目からは最高の地位にある。これらの者こそ勝利者である」（9：20）、「戦うことは汝らに課せられた義務である」（2：216）、「神の道において汝らに敵対する者と戦え、だが不義を犯してはならない。神は不義をなす者を好み給わぬ」（2：190）、「騒擾がなくなるまで、宗教が神のものになるまで彼らと戦え。だが、彼らが止めたならば、無法者は別として、敵意はすてねばならない」（2：193）。

このようにイスラムでは、その信仰と共同体を守り発展させるために積極的に行動し戦うことが説かれている。「殉教者」shahid とは、何よりもそのような「努力」において斃れた者を意味したのである。このような「ジハード」観は、初期のイスラム共同体のおかれた歴史的状況と密接に関係したものであることはいうまでもない。もちろん、引用文からもわかるように、戦闘がいつの場合でも、また無制約に遂行されたわけではなく、そこには一定の規範があった。それがのちにイスラムの「国際法」となって展開するのである。

このようにコーランの倫理的法的規定はきわめて多岐にわたっているが、何といってもその主要部分は家族法に関するものである。メディナを中心とする初期のイスラム共同体のような単純な国家組織では、これ以上複雑な法規範は必要ではなかったかもしれない。しかし、それにしてもコーランの規定だけで当時のムスリムの私的社会的生活のすべてが規制されていたわけではない。もともとコーランは、例えば、基本的人権、主権在民といった根本規範がまずあって、そこからより具体的な規定が体系的に引き出されて成立する法典の類ではない。それはむしろ、社会生活上特に必要があった場合その都度、特定の問題について神が、預言者を通じて明示した規範である。したがって、そのような神の指示のない場合には、ムハンマドが神の使徒としての資格において適当に処置を講じてきたのである。その際、当時のアラブの部族的慣行の中でイスラム的に不都合でないと判断されたものはおそらくそのまま採用されたことであろう。いずれにしても、コーランの規定のほかに、預言者が示した――あるいは黙認した――そのような先例などが基になって、ムスリムの包括的な義務規範としてのシャリーア（イスラム法）がのちに体系化されてくるのである。

第二章　預言者——ムハンマド

1　社会的背景

時代状況

神が地上の人間ムハンマドに最初の啓示を下したとされる西暦六一〇年頃のメッカを中心とする時代状況はどのようなものであっただろうか。まず、六世紀中期から「肥沃な三日月地帯」をはさんで東ローマ帝国とササン朝ペルシア帝国の間には、決定的な勝利のない戦闘がほとんど間断なく続いていた。その結果、陸路による東西の貿易が困難となり、それに代ってインド洋からアラビア半島西南端のイエーメンに至り、そこから陸路紅海岸沿いにメッカを経由して、一方はシリアに、他方は北東に向ってバスラに出る通商路がにわかに脚光を浴びてきた。

もっとも西暦紀元前後からすでにこのイエーメン経由の商業ルートの支配権をめぐって、ローマとペルシアの両帝国は直接・間接に争いを繰り返していた。五二一年には、その頃すでにキリスト教化していた対岸のアビシニア（エチオピヤ）のイエーメン占領をローマ帝国が支持し、ペルシア帝国がイエーメン住民を支援するという形で、各々その勢力の拡大を計っていた。五七〇年にイエーメンの支配者でアビシニアのキリスト教徒アブラハ Abraha が象の大軍を率いてメッカを攻略し、その聖地を破壊しようとしたのは、このようなローマ帝国の支援を背景にして自己の勢力を拡大するためであった。この事件はコーランにも言及されているもので（一〇五章「象」）、ムハンマドが生まれたのはこの「象の年」であるという。

このメッカはすでに紀元二世紀にはローマの地理学者によって「マコラバ」Makoraba として紹介されている古い町であり、そこにあるカァバ神殿の内外には多くの神像が安置され、多数の巡礼者や参詣人の訪れる聖地であった。巡礼や祭礼の行なわれる月は神聖月として部族間の戦闘行為は一切禁止され、市《いち》が立ち交易が行なわれ、さらに各地から詩人たちも集まり、自作の詩を披露して優劣を競い合った。メッカはこのような宗教・文化・商業の中心地であった。クライシュ Quraish 族がこの町に定住し、その支配権と神殿の管理権とを手に入れたのは、五世紀末のことだといわれている。そして彼らはさらに、その頃から脚光を浴びてきたイエーメンからシリアに至る通商路を支配して貿易を独占するようになり、メッカはそのような商業活動の中心地として繁栄していたのである。

クライシュ族は遊牧生活をすててメッカに定住し、交易に従事するようになるが、その社会的基盤は依然として部族組織であった。部族とはいうまでもなく血縁を基礎とし、共通の祖先を有する者が構成する人間集団のことである。部族の中には幾つかの氏族があり、さらにその中には幾つかの家族がある（もっとも、アラビア語では、「部族」「氏族」「家族」も一律に〝Banū A〟「Aの子ら」と表現される）。だが、実際の生活単位として機能しているのは「氏族」や「家族」である。各氏族には「マジュリス」Majlis と呼ばれる合議体があり、そこで氏族内のことが討議・決定される。それを司会するのが「サイッド」Sayyid あるいは「シャイフ」Shaikh と呼ばれる族長である。彼は同輩の長老たちの中から選ばれた有力者の一人であって、彼には独裁的権力はない。重大な決定は、常に他の実力者たちの意見を聞き、あるいは彼らを説得して合意を得た上でなされる。

この他、特にメッカのクライシュ族には、氏族の代表者によって構成される部族会議ともいうべき「マラ」Mala᾿があり、部族的規模の隊商の派遣、メッカの町の〝国際都市〟としての行政上の諸問題の処理などにあたった。とはいえ、実際には一握りの富裕な大商人たちがそれを支配していたといわれる。のちにムハンマドの宣教に最後まで抵抗したのはこのような人たちである。

氏族の成員がその氏族を一歩外に出れば、その安全を保障するものは何もない。それは、今日の国家と同様に、氏族を超えて、それら相互間の秩序を維持し、平和と安全を強制させる有効な機関も、またそのような観念すらも存在しなかったからである。氏族間の秩序と安全を保障するのは「目には目を、歯には歯を」の復讐の原理だけである。かりに同族の誰かが他氏族の者から危害を加えられたり、捕虜になったりした場合には、同族の者がすべて連帯して身代金を払ったり、復讐をしたりする。それは氏族の男子成員として当然の義務であり、それを怠ることは「ムルーア」murū'ah、すなわち「男らしさ」の徳に欠けるものとして、部族社会の中では最も軽蔑され非難される。

「ムルーア」とは、勇気、堅忍、名誉を重んずる高貴さ、氏族への絶対的忠誠、気前のよさ、寛大さ、弱者の保護と救済等々、要するに氏族内の相互扶助、およびその秩序維持と地上的繁栄に寄与する徳目のことである。成員個々人のもつ優れた資質や行為は氏族の血筋によるものとされ、逆に個人の優れた行為はその氏族の名声を高める。このようにして個人の名誉や理想と集団の利害とは未分化のまま一体化していたのである。

このような部族的価値を最もよく体現するのが族長である。もっとも彼には、若者と違って、指導者としての老練な政治力や知略が要求されることはいうまでもない。族長には種々の特権があった。戦利品の四分の一を先取するのもその一つである。しかし、それは族長個人の富の蓄積のためというよりは、同族内の弱者の扶助、身代金の支払い、客人の歓待など、要するに氏族の長として必要なことに消費され、伝統的な遊牧経済に留まる限り、富の一方的集中はなかった。

この部族的徳目の代弁者は詩人 Shā'ir である。彼は「男らしい」行為に対してはこれを讃え宣揚し、「ムルーア」に反する行為に対してはこれを皆に代って嘲笑し非難した。当時のアラブ社会では、詩人はジンと関係をもち、それから霊感を受ける特殊な人間であると考えられていた。したがって、詩人の発する言葉は超自然的呪術的効果をもつとして恐れられていたのである。

部族的集団主義ともいうべきこのような特性は、時間の系列の中でみると、過去の伝統や慣行の異常な尊重、つまり保守的伝統主義となって現われる。共同体が先祖代々伝えてきた慣行や制度は、ただそれだけの理由で従うべき絶対的な道徳的法的規範(スンナ sunnah)とみなされ、先祖代々の伝統であるか否かが行為の善悪を判断する拠所とされるのである。

メッカ社会の病弊

アラブ部族の本来的経済基盤は遊牧であった。羊やラクダを飼育し、旱魃が続けば襲撃や掠奪によって生計を維持していた。ところが、クライシュ族がメッカに定住して交易に従事するようになって、その経済基盤が遊牧から商業へと変った。それに伴って、商業利潤の追求、蓄財といった個人の物質的利益が求められ、「ムルーア」を最高の価値とし、それを実現することが軽視されるようになってきたのである。

人々の関心は、部族的連帯やそれを支える部族的倫理を実現することから資本の蓄積およびその拡充へと移ってくる。部族的徳目を体現する人よりも富める者が尊敬され力を得てくる。富める者は同族の中の弱者や貧者を助けるよりも、その分を資本として用いることを選び、その地位と実力を利用してますます自己の富を増殖しようとする。従来の血縁とは異なった商業利害に基づく新しい社会的結合が生まれてきたのはその一つの現われである。要するに、部族的集団主義に代る物質的個人主義の発生である。このようにして部族的伝統や価値体系が崩れ始め、部族内の連帯性が失われ、同族の中の弱者に対する連帯責任の意識が薄れ、富が富者にますます集中し、貧しい者がより一層貧しくなって社会層が分裂する兆が現われてきたのである。

これについてコーランは次のようにいっている。

また、互いに励まし合って貧者に食物を与えることもせず、遺産を貪り取り、財産をむやみに愛好している（89：18―20）。

悪口をたたき、中傷する者には皆禍あれ。財を集めては勘定に耽り、その財が己を不滅にすると考える（104：1―3）。

もちろん、いうまでもないことであるが、経済的基盤が変わったからといって、皆が利己的になったわけではないし、また遊牧社会では皆が「ムルーア」通りの行動をしていたわけではない。同様に、現実には部族組織は依然として強固であったし、変化は緩慢であった。しかし、そのような緩慢な変化の中にも不安と違和感を感じ、しかもそれに対して従来の部族的価値体系が何ら有効に作用しえないことを何人かの人々は直感し、古いものに代わる新しい何かを求めていた。

ハニーフ　史料はそのような人々の例として、ムハンマドとほぼ同時代の幾人かの名前をあげている。ワラカ・イブン・ナウファル Waraqah b. Nawfal、ウバイドゥッラー・イブン・ジャフシュ 'Ubaid Allāh b. Jaḥsh、ウスマーン・イブン・フワイリス 'Uthmān b. al-Ḥuwairith、ザイド・イブン・アムル Zaid b. 'Amr がそれである。彼らは、多神崇拝、偶像、ジン、精霊、巫者といった部族の伝統的信仰形態に満足できず、それに批判的な態度をとり、それに代わる何らかの一神教的なものを求めていたといわれる。そしてある者はキリスト教に、ある者はイスラムの宣教と共にこれに入信した。イスラムの文献では、彼らは、コーランにしばしば言及されている（例えば、3：95）純一神教徒アブラハム、およびその教えに従う者という意味の「ハニーフ」ḥanīf という言葉で呼ばれている。

ワラカは、ムハンマドの最初の妻ハディージャ Khadījah のいとこにあたる人で、キリスト教に入信した。ムハンマドが最初の啓示に接してにわかにそれを信じることができずに懊悩していた時、聖書に関する自分の詳しい知識に基づいて、それを真に神からの啓示だとして彼を励ましたといわれる。ウバイドゥッラーは、やがてイスラムに入信し、妻と共にアビシニアに移住するが、そこでさらにキリスト教に改宗したといわれる。ウスマーンはビザンツ皇帝のもとに行き、そこでキリスト教に入信し、高官として仕えたという。ザイドは、嬰児殺しのような悪習や神像に対する犠牲を拒否して部族的宗教から離れたが、さりとてユダヤ教にもキリスト教にも入信しなかったといわれる。ムハンマドもこのような「ハニーフ」の一人であった。

2　メッカのムハンマド

生いたち

召命以前のムハンマド Muhammad の前半生について、はっきりしたことはあまり知られていない。西暦五七〇年頃、当時すでにメッカを支配していたクライシュ族に属するハーシム Hāshim 一族の子として誕生した。父の名をアブドゥッラー ʻAbd Allāh といったが、ムハンマドが生まれた時にはもうこの世の人ではなかった。さらにムハンマドは、まだ六歳の頃に母アーミナ Āminah とも死別した。その後は祖父のアブドゥル・ムッタリブ ʻAbd al-Muṭṭalib の手で養育されたが、この祖父も二年ほどして亡くなり、叔父の一人アブー・ターリブ Abū Ṭalib に引きとられることになる。

祖父や叔父の温い庇護があったとはいえ、幼くして両親の愛を失い、他家に引き取られて生活しなければならなかったこと、ハーシム一族はクライシュ族中の名門ではあったが、その頃にはもはや昔日の面影はなく、生活はけっして楽ではなかったこと、これらの事情が幼いムハンマドを感じ易く内向的で慎重な人間にしていった。

すでに述べたように、メッカは当時、イエーメンとシリアをつなぐ東西貿易の中継地として繁栄していた。ムハンマドも叔父に連れられ、隊商に加わってシリア地方に出かけたことがあるといわれる。そのような折、いままで想像もしたことのない世界に触れ、聡明なムハンマドは大いにその見聞を広めていった。のちに、この叔父の紹介でハディージャ Khadijah という名の富裕な未亡人の代理人として商用に赴き、期待通りその任を立派に果したという。その頃ムハンマドは「アミーン」Amin（正直者）と綽名されていたが、そのような彼の誠実な人柄をみこんだハディージャはやがて彼と結婚することになる。ムハンマドが二五歳、ハディージャが四〇歳頃のことといわれている。ムハンマドの結婚は、当時の男子としてはけっして早い方ではなかった。一つにはおそらく、結婚に際して女性の両親に支払わねばならない婚資を支払う経済的余裕が彼にはなかったからであろう。

　いずれにしても、この結婚によって彼はようやく生活のゆとりと落着きを見出した。だが、やがて彼はメッカ近郊のヒラー山の洞窟にしばしば籠って祈禱と瞑想にふけるようになる。ムハンマドがいかなる動機で瞑想の生活に入ったのか、またその時何を考えていたのか、今日では知る由もない。だが、そのような中で彼が受けた神の啓示は、前述のような矛盾をはらんだメッカ社会の中で必然的に一定の役割を果すようになるのである。

召命

瞑想の生活が一五年ほども続いたある日のこと、ムハンマドが洞窟で眠っていると、突然天使ガブリエルが巻物をもって現われ、「誦め！」と命じる。彼が「私には誦むすべがありません」と答えると、天使はその巻物で烈しく彼を締めつけ、再び「誦め！」といった。彼は息苦しく死にそうになりながらも、同じ答えを繰り返す。そのようなことが三度続いてから天使は、次のような啓示を伝えたという。

誦め「創造主なる主の御名において。主は凝血から人間をつくり給うた。」
誦め「汝の主はこよなく有難いお方である。筆をもつすべを教え給うた。人間に未知のことを教え給うた。」(96：1—5)

この突然の啓示に接して、ムハンマドはそれがいったい何を意味するのかわからなかったのであろう。彼は走るようにして山をおり、妻のハディージャの膝にすがりついてその恐怖を訴えたという。

ムハンマドは最初それを神アッラーからの啓示だとは信じられず、当時アラビア半島で広く信仰されていたジンによるものと考えた。そして、自分は詩人かもの憑きになったのではないかと思い悩んでいた。山野を彷徨し、絶望のあまり何度か切り立った崖から身を投げようと考えたこともあったという。そのたびに空中に天使ガブリエルの姿が現われ、「ムハンマドよ、そなたは神の使徒、そしてわたしはガブリエルである」という声を聞いたという。やがて次のような第二の啓示が下った。

おお、外衣を纏う者よ、立ちて警戒せよ。汝の主を讃えよ。汝の着衣を浄めよ。不浄なるものをさけよ。報酬を求めて親切をしてはならぬ。汝の主のために耐え忍べ(74：1—7)。

われわれは、ムハンマドが具体的にいつどのようにして神の使徒（預言者）としての自覚をもつようになったのか、天使ガブリエルの声によるのか、第二の啓示後のことなのか、あるいはもっとのちのことなのか、正確には知りえない。いずれにしても、やがて彼は自己の使命を自覚するに至る。というより、有無をいわせずそのように自覚させられ、預言者としての役割を演ずるために無理やり舞台の上に引き出されたという方が正確であるかもしれない。

啓示というものは時と場所を分たず突如現われては人間の意志にかかわりなく命令を下し、その実行を迫る。預言者として神に召し出されるということは、神のそのような言葉を宣教し、そして文字通り神の「道具」となってそれを歴史の中に根付かせるという使命を引受けることである。それがいかに自己犠牲的で超人的な努力を要するものであるかは、古代イスラエルの預言者たちの例からつとに知りうるところであり、また内気なムハンマドにとってそれがいかに耐え難い苦痛であり、重大な決断を要するものであったかは想像に難くない。

スエーデンの宗教学者トール・アンドレ Tor Andrae はムハンマドの行動を通じてみられる主調音を終末に対する恐怖とみた。確かに、それが彼の行動を特徴づけていることは否定できないが、それより以前に神からの使信《メッセージ》を人々に伝え、それを具体的に生かすために努力しなければならないという預言者としての使命観があったのである。そしてムハンマドが真実そのように考え、かつ行動したということについて疑いをさしはさむ学者は、今日ではあまりいない。

いずれにしても、ムハンマドが最初の啓示を受けたのは六一〇年、彼が四〇歳の頃のことである。初めは密かに身内の者に、やがて数年後に彼は、広くメッカの人々に向って神の使信を宣べ伝え始めたのである。

最初期の啓示　ムハンマドが受けた全使信の内容については、前章で概略説明した。ただそれは一時にではなく永い年月の間に徐々に啓示されたものであるので、当然それは使徒の直面した具体的な歴史状況の変化に対応して変化ないしは変更、あるいは強調点の推移がみられることが予想される。このことは、コーランの思想的変化を理解するためには、それを、背景となる歴史的状況の変化に対応させて考えなければならないということを意味する。ただしその場合、すべてを歴史の中で見ようとする歴史主義に陥ることをさけ、より価値中立的であろうとするには、次の二点に注意する必要がある。

第一に、コーランを神の直接的な言葉と考えるムスリムの思想と行動を理解しようとする以上、コーランの思想的変化がなぜ起ったか、と問うことはできない。それは、なぜ神がそのような変化をもたらしたか、を問うことになるからである。厳密にいってわれわれが問うことができるのはただ、啓示の変化が起った時点においてムハンマドが何を欲し考えていたか、またこの啓示の変化が歴史の具体的状況の中でどのような意味――政治的、社会的、文化的、宗教的意味――をもったのか、ということである。

第二に、コーランは歴史的なものであると同時に、また神の言葉として超歴史的であるということは、コーランの思想全体を一つとして理解しなければならないということを意味する。ちょうどわれわれが一つの思想を表現する場合、表現の仕方に一定の順序があるが、思想自体はその順序とは無関係に全体として有機的な関連をもつのと同様に、コーランの場合も、歴史的状況との関連で啓示の順序には違いがあっても、その中に表現されている個々の思想は全体との有機的連関において理解されなければならないということである（このことを端的に表現しているのが、現実のコーランは「天に護持されている書板」の完全なコピーであるということである）。したがって、後述のように、最初期の啓示に神の唯一性への直接的言及がないからといって、最初期の啓示が神の唯一性の思想とまったく無関係に理解されるということにはならないのである。

では、最初期に強調された啓示の内容はいったい何であり、それが当時のメッカ社会の中でどのような歴史的意味をもっていたのであろうか。現代イギリスの代表的イスラム学者モントゴメリー・ワット W. Montgomery Watt は、先学たちのコーランの章節の年代研究を基にして、最初期の啓示の主要内容として次の五つをあげている。すなわち、(1)神の恩寵と力、(2)復活と最後の審判、(3)神に対する人間の対応としての感謝と礼拝、および(4)施善、特に喜捨の勧め、(5)ムハンマドの預言者としての使命、である。（そしてそこにはまだ神の唯一性の主張はみられず、それが明確に現われるのはメッカの多神教徒との論争が始まってからのことである、とワットはいっている。）

いい換えれば、神は天地万物の創造主であり支配者である。したがって、人間に必要ないっさいの事物を創造したのも神である。人間は神が授けたそのような恩恵に感謝し、恩恵の施主に仕えなければならない。それは具体的には、神の与えた恩恵（財）を貧しい人々と分かち合い、同胞や旅人を助け、弱い者や孤児に優しくすることである。そのようにしてのみ人間は迫り来る終末と審判に備えることができる。審判に際して問題になるのは、個々人のそのような信仰と行為だけであって、富・地位・権力・血縁関係などはいっさい役に立たないし、誰も他人の手助けはできない。審判の結果、ある者は天国において永遠の至福の生活を送ることになるし、他の者は地獄において永劫の罰をうける。この来世の生活に比すれば、現世での生活はきわめて相対的でとるに足りないものでしかない。だが、来世における人間の運命は各人の現世での生き方にかかっているのである。

このような内容の啓示が、当時のメッカ社会の中でどのような歴史的意味をもっていたであろうか。その頃メッカ社会に起りつつあった変化についてはすでに述べた。それは端的にいって、遊牧から商業へと経済基盤が変わることによって、人間の行動原理も部族的集団志向型から個人的利益志向型、「物質的個人主義」（ワット）へと変わりつつあることであった。利潤の追求はしばしば部族的結合関係を犠牲にしてなされた。その結果、貧富の隔差は拡がり始め、貧者や弱者はますます貧しく弱くなりつつあった。物質的個人主義からは社会的弱者救済と相互扶助の原理は出てこない。それは資本の浪費にほかならないからである。このような社会的矛盾がすでに露呈され始めていたのである。経済的基盤が逆転しない限り、そのような傾向はますます助長され、伝統的な部族的倫理は現実的な意味をもたなくなりつつあった。

これに対して、コーランは徹底した個人主義に立っている。この意味では、新しい時代状況に適合するものであり、逆に部族的集団主義とは鋭く対立するものであった。しかし、コーランの個人主義は宗教的個人主義である点が大きな特徴である。そこでは、来世に究極的価値をおくことによって、現世的なものはすべて相対化される。富は絶対的な価値をもたなくなり、人間の価値はその財の多寡にあるのではなく、信仰と善行にある。すなわち、両親や弱者には優しくし、貧者には自己の財を快く分け与えることである。イスラムはけっして経済活動そのものを否定しているのではない。ただその無制約な利潤追求を戒めているのである。このようにイスラムは、血縁その他一切の制約から人間を解き放って徹底的に個人化しただけではなく、一人一人を直接神と結びつけることによって、個人化された人間を再び結合する原理を提供したのである。

しかし、考えてみれば、コーランが求めた相互扶助の倫理は、ある意味ではまさにいまや消滅しつつある古き良き部族的倫理にほかならないともいえる。コーランにはただ抽象的に「信仰し善行に励め」とだけ述べている場合が多いが、それは当時の人々にとって何が善行であるかは明らかであったからで、コーランはただそれを新しい宗教的基礎の上に再興しようとしていたといえよう。

このことは、ムハンマドが社会改革そのものを目指した社会革命家であったということを意味しない。極端ないい方をすれば、彼はあくまでも預言者として神の啓示を伝達しその具体化に努力していたのであって、それが結果としていいいてメッカ社会の内的矛盾の解決に役立つような役割をもってきたというにすぎない。逆説的にいえば、ムハンマドの始めた宗教運動が社会改革運動として機能したとすれば、それはこの運動が第一義的に社会改革のためではなく、神のためのものであったからだといえよう。

伝道と迫害

ムハンマドが神の啓示を公に宣べ伝え始めたのは、最初の啓示を受けてからすでに数年たってからのことである。最初は大方のメッカの人々の嘲笑と反感を買うだけであったが、やがてそれは誇り高きアラブには耐え難いような侮辱から迫害へと変わっていった。メッカ社会は前述のような変化の過程にあったとはいえ、部族組織は依然として強固であり、人々はまだその枠内でしかものを考えることができないでいた。ムハンマドの伝道がメッカの人々の執拗な抵抗に出会ったのは、それが部族的伝統を破壊するものであることに彼らが気付いていたからである。

まず、コーランの個人主義は部族的集団主義と真向から対立したし、コーランの来世主義はアラブ部族民の現世主義を否定し、一切の地上的な権威を相対化し、大商人たちを頂点とするメッカ社会の体制の基盤そのものを掘り崩すものであった。さらにメッカ側との「論争」の過程でますます強調されてくる一神教の原則は、カァバ神殿のもつ宗教的権威、およびその祭礼の際の市と結びついた経済活動をも脅かすものであった。

ムハンマドには、彼を引き取って養育してくれた叔父アブー・ターリブ（彼は最後までイスラムには入信しなかった）の族長としての庇護があり、まだしも身の危険を感じるほどのものではなかった。だがそのような部族的庇護の弱い者に対するクライシュ族の迫害は烈しく執拗であった。それに対してムハンマドができることはただ、苦難を耐え忍ぶよう彼らを励まし、神に加護を祈ることであった。あまりの苦痛に転向する者さえあった。ムハンマド自身も、彼以前の神の使徒たちも同じ運命にあったこと、神はけっして彼を見棄てたわけではない、という神の慰めの言葉にようやく自らを支えるのであった。

ついに六一五年、彼は対岸のアビシニアにまず八三名ほどのムスリムを移住させた。その時あとに残った者が男女あわせて僅か五、六〇名であったといわれ、布教がいかに困難であったかを物語っている。それだけに自分のこれまでの布教の方法に疑念を懐くことさえあった。そんな折、メッカの大商人側がもち出したある種の教義的妥協と引き換えに入信するという提案に一瞬心を動かすことがあったといわれる（「サタンの啓示」事件）。

だが、ムハンマドが神の言葉によってその提案をきっぱり拒否するや、対立はいまや決定的となる。やがてクライシュ族連合によるハーシム一族のボイコットが始まる。そのような中で六一九年には、それまで陰に陽にムハンマドを庇護してきた叔父のアブー・ターリブが死に、続いてひと月足らずのうちに、ムハンマドのよき理解者であり、心の支えでもあった妻のハディージャにも先立たれる。さらにムハンマドにとって不運なことに、彼のいま一人の叔父で新たに族長に選ばれたアブー・ラハブ Abū Lahab には、ムハンマドのためにクライシュ族の有力者たちと対立する気は毛頭なかったことである。

これ以上メッカでの伝道は不可能と悟ったムハンマドは、メッカの東方約六〇キロの地点にあるターイフ al-Ṭā'if の町に布教の活路を見出そうとしたが、文字通り石で追われてそこを去らねばならなかった。前途の希望はまったく閉ざされたかにみえた。だが、思いもかけないところから事態は新たに展開してゆくことになるのである。

ヒジュラ　メッカの北方三五〇キロほどの所にヤスリブ Yathrib という町（のちのメディナ）があった。町とはいえ、そこでの主な生業はオアシスを中心とする農業であった。そこには三つの大きなユダヤ教徒の部族のほかに、アウス Aws 族とハズラジュ Khazraj 族という二つのアラブ部族が定住していた。

ところで、このアラブ両部族の間には復讐の繰り返しによる果しない武力闘争が続いていた。それは、広いステップにおいてはうまく機能していた血の復讐という部族的原理が、一定地域に居住してお互いが接触する機会の多い社会ではむしろ破壊的な作用をするということを示すものであった。彼らはお互いに戦に疲れ、平和を欲しながらも面子にとらわれ、そのきっかけをつかめないでいた。ここにも、新しい定住社会に適合しなくなった部族的原理に代わる新しい倫理が求められていながらも、それを確立できない苦しみがあった。

そのような折、六二〇年にメッカを訪れた数人のヤスリブからの巡礼者がムハンマドの説教を聞いて大いに感銘を受け、彼を争いの調停者として招くことにしたのである。ムハンマドもそれを伝道のための絶好の機会としてとらえ、二年ほどの入念な準備ののち六二二年、他のムスリムたちと共に目立たぬようにメッカを離れ、ヤスリブに「遷行」した。これが「ヒジュラ」Hijrah である。時あたかも、クライシュ族によるムハンマドの暗殺計画が実行に移される直前のことであった。

ところで「ヒジュラ」は、従来しばしば「迫害を逃れること」という意味で"flight"(「逃亡」)と訳され、ネガティヴにのみ理解されがちであった。これは厳密には正しいとはいえない。それはただ難を逃れたというだけのことではなく、むしろ悪徳の町メッカを見限ってメディナに新たなる再出発の道を見出すというポジティヴな意味がそこにあったことを見落してはならない。事実、その後のイスラム史上のさまざまな宗教運動においても、その語がしばしばこのようなポジティヴな意味で使用されているのである。

だがこのヒジュラの決定的な意味は、それがメッカにおける不安定でいわば他律的なムスリム集団がイスラム的理想に従う真に自律的な共同体へと変わる契機となったということ、したがって共同体のその後の運命はいまやその個々の成員の手に委ねられたということである。これは、ユダヤ教における「出エジプト」、キリスト教におけるイエスの生誕にも比すべき人類史的な意味をもつものである。事実、ムハンマドの生誕の年や啓示が最初に下された年ではなく、このヒジュラの年がのちにイスラム暦の起点とされたことは、そのことを象徴している。

3　メディナのムハンマド

メディナの調停者

ムハンマドはメディナの人々から調停者・預言者として迎えられた。彼と共にメッカから遷行したムスリムたち（「ムハージルーン」Muhājirūn）とこれらメディナの「助力者たち」（「アンサール」Anṣār）はいまや一つの信仰共同体（ウンマ Ummah）をつくり、安んじてその信仰を実践できるようになったのである。しかし、これによってムハンマドの宣教の成功とこの共同体の発展が自動的に約束されたわけではない。そうなるためには、解決しなければならない困難な問題が山積していた。

当初メディナには、ムハージルーンとアンサールを合わせたムスリムのほかに、まだイスラムの信仰を拒否しているアラブやユダヤ教徒、形式的な入信によって事態を静観している日和見主義者がいて、陰に陽にムスリムと対立していた。このように複雑な政治的社会的状況の中で、調停者としてのムハンマドが長年争っていた部族間の平和を回復し、信仰による結合体であるとはいえ、その中に微妙な利害の対立を孕んだ共同体を統一し、その秩序を維持していくことは、単なる宗教者の能力を超えた問題であった。

確かにムハンマドが伝えるメッセージは、部族的原理を超えて個人を中心とする普遍的な結合原理を提供してはいたが、それが有効に作用するには、まずその原理が人々の間に定着しなければならない。それをいかに定着させるか。ここに政治家としてのムハンマドの非凡な才能が要求されたのである。この面で一歩誤まれば、それまでの努力がすべて水泡に帰してしまう可能性は充分にあったし、また逆にそこでの成功は預言者・宗教的指導者としてのムハンマドの権威を高めることになるのであった。

「メディナ憲章」

ヒジュラ後間もない頃のものと考えられる文書に「メディナ憲章」と呼ばれるものがある。これは預言者ムハンマドが神の名において、ムハージルーンとメディナのムスリム、および「彼らに従う者たち」との間に結んだ盟約であるが、最初期のウンマの実態および指導者としてのムハンマドの実際的性格を知る上で重要な史料である。

これによると、当事者たちは他の人々とは区別された一つのウンマ（共同体）を構成し、信仰者は互いに助け合い、他の不利益になるような行動をしないこと、外部からの攻撃に対しては共同して防禦にあたり、内部の裏切り行為や不正に対しても一致して対抗すべきことが定められている。ユダヤ教徒に対しても、彼らがムスリムの権威に従う限り、「神の安全」が保障される。

しかし、実際の血の代金や身代金の支払い、あるいは不正や殺人に対する報復はメディナの八氏族ならびにムハージルーンが各々責任をもつことになっており、「神の安全」は一つであるとはいえ、この段階ではそれを強制する全共同体的な権力も機関もなかった。ムハンマド自身もせいぜいムハージルーン〝一族〟の族長的地位にあったにすぎない。否、族長が戦利品の分配に際して四分の一を先取したのに対して、ムハンマドは五分の一を取ったにすぎなかった。ただ異なる点は、共同体内に意見の相違が生じた場合には神とムハンマドの裁決に従うべきこと、宣戦や休戦はムハンマドの承認なくしてはなしえないということなどであった。だが、このことは共同体内の最終的権威は神とムハンマドにあるということの承認であり、軍事・外交上の特権をムハンマドに認めたことになる。このことの意義は大きい。なぜなら、その後の彼の行動は、まず軍事的外交的成功によって共同体内での彼の政治的地位を高め、それが同時に神の使徒としての彼の権威を高めることになっていくからである。

メッカ側との対決

ムハンマドと共にメディナに移住したムスリムは、そのほとんどが着のみ着のままの状態で故郷を出てきた人々であった。アンサールの援助によって生活していたとはいえ、何らかの自活の道を見出す必要があった。そこで、このような時、当時の遊牧アラブがしたように、ムハンマドが間もなく着手したのがメッカのクライシュ族が派遣する隊商の襲撃であった。だが、それはメッカ側との全面的対決への道を一歩踏み出すことを意味した。まずメッカ側にとって、商業活動を妨害されることは死活の問題であると同時に、そのまま引き下ることは大クライシュ族の体面に関わることであった。ムスリム側からすれば、略奪が経済的自立への道を開いたことはいうまでもないが、それにはまたかつてムスリムたちを迫害した不信仰者への聖戦（ジハード）という大義名分があった。さらに、そのようにしてメッカ側の経済的基盤を破壊することによって、偶像崇拝と悪徳の町メッカを攻略し、「神の館」カァバ神殿を解放し浄めるという意味もあった。いずれにしても、かなり早い頃からムハンマドはメディナのイスラム共同体が将来大きく発展していくためにはメッカ側との対決は不可避だとみていたようである。

初めの頃の襲撃はほとんどがムハージルーンによるものであったが、やがてアンサールの参加も徐々に増え、最初の大きな戦闘となった六二四年のバドル Badr の戦では、八六名のムハージルーンに対して、アンサールの参加は二三八名であったといわれる。対するメッカ側は、増援部隊も含めて約三倍の千名ほどであったが、戦闘はムスリム側の勝利に終った。当然ながら、神の名の下に戦って得た勝利のもつ宗教的・政治的・経済的意義は大きかった。そしてムハンマドは、そのような機会を巧みにとらえて共同体内の自己の地位を一歩一歩高めていったのである。

翌六二五年のウフド Uḥud の戦では、ムハンマド自身が負傷するほどの敗北を喫したが、その後の活動は順調に進み、六二七年のハンダク Khandaq の戦では、メディナを包囲したメッカ軍の攻略を完全に失敗に終らせた。翌六二八年にはメッカ側とフダイビヤ al-Ḥudaibiyah の条約を結び、以後一〇年間の休戦と翌年のメッカ巡礼を約束させた。いまや名実共にメディナのムスリムはメッカのクライシュ族と対等の立場に立ったのである。

その間ムハンマドは目を転じて周辺アラブ諸部族の制圧、ならびに友好関係の樹立に意を用いた。一方、その頃までには、預言者としてのムハンマドの権威を認めないだけではなく、聖書の知識をもってしばしばそれに挑戦し、また共同体の内的統一を妨げる役割を果してきたユダヤ教徒を完全に追放し、メディナにおけるムハンマドの政治的宗教的権威はほぼ不動のものとなってきた。ついに六三〇年には、メッカの無血征服に成功し、カァバ神殿内外の多数の神像を破壊してそれを浄めた。

このようにアラブ諸部族の中でも有力なクライシュ族がムハンマドの権威に服するようになって、彼の名声はアラビア半島全域に高まった。多くの部族がメディナに使節を送って盟約を結び、イスラムの教えを受け入れ、喜捨を出した。特にメッカ征服後の一年は使節の往来が繁く、そのためにこの年は「遣使の年」と呼ばれている。

ムハンマドがメッカを降した六三〇年の暮、彼は自ら三万の大軍を率いてアラビア半島北部のアカバ湾に近いタブーク Tabūq に遠征を行なった。その真意について学者の間でいろいろ論議があるが、それは遠くビザンツ帝国の動きに対してムハンマドがすでに関心をもっていたことの現われであろう。少くともそれは、その後におけるイスラム共同体の発展の方向を示すものであった。事実、ムハンマドの死後、その後継者問題やアラブ諸部族の「背教」（リッダ Riddah）問題によって教団は一時崩壊の危機に瀕したが、やがてそれを克服すると、ムスリム軍は怒濤の如くアラビア半島を出て、東西へと進撃を開始するのである。

預言者の死

ムハンマドは六三二年にメッカ巡礼を行なうが、それが彼の最後の巡礼となった。それから僅か数ヵ月の後、高熱に斃れ世を去ったのである。その訃報はたちまちメディナのムスリムの間に広まり、彼らに深い悲しみと動揺を与えた。のちに二代目のカリフに選ばれることになるウマル ʻUmar は、預言者のモスクに集まった群集を前にして興奮した口調で次のように訴えていた。

偽善者たちの中には、神の使徒は死んだという者もいるであろう。だが彼は死んだのではない。かつてモーセが〔かのシナイ山で〕したように、一時主の御元に行かれただけなのだ。神の使徒は四〇日後に再び姿を現わし、神の使徒は死んだという者の手足をお切りになるであろう。

そこに駆けつけたのが、やがて初代カリフとなるアブー・バクル Abū Bakr であった。彼は次のようにいってウマルをたしなめたという。

ムハンマドを崇拝していた者は〔知るがいい〕、確かにムハンマドは死んだ。しかし、神を崇拝する者は〔知るがいい〕、神は生きてい給う。神は死に給うことはない。

そして、次のようなコーランの一節を引用した。

ムハンマドは使徒にすぎない。彼より前に多くの使徒たちが死んでいった。かりに彼が死ぬか殺されるかしたら、汝らはさっそく踵を返すのか。たとえ踵を返す者があっても、いささかも神を傷つけることにはならない。しかし、神は感謝する者に報い給う（3：144）。

ここにわれわれは、ムハンマドの人間性が冷厳な事実として述べられているのをみる。とはいえウマルの場合のように、ムハンマドの人格に直接触れた者には、彼がただの通常の人間であるとはどうしても思えなかったであろうし、またそれが自然でもあろう。だが、そのような人間の〝自然の情〟を厳しく否定しているのが、崇拝すべきは神《アッラー》のみというイスラムの根本教義である。その後のイスラムの歴史において、ムハンマドは常に全ムスリムの鑑として、その伝承（ハディース）はコーランに次ぐ権威をもってきた。のみならず、彼はさらに不可謬な理想的人格者として、また奇蹟の執行者として徐々に超人化されてくるが、けっして神格化されなかったという事実は、世界の宗教史に照らしてむしろ驚くべきことである。

こうしてムハンマドは神の使徒・預言者としての生涯を終えた。彼は神の教えを宣べ伝えただけではなく、自らの努力によってそれを歴史の中に根付かせることにほぼ完全に成功したのである。いまや彼の遺産であるこのウンマ（イスラム共同体）をいかに発展させていくかは、残されたムスリムたちの手に委ねられたのである。

第三章　共同体——ウンマ

1　ウンマとは

イスラムは西暦七世紀の初頭にアラビア半島で発生した、としばしばいわれる。確かに、そのようないい方は誤りではないが、それだけでは事実の一面を述べたにすぎない。ムハンマドが最初の啓示を受けたのは六一〇年頃であり、その一二年後にメディナを中心として、神の啓示を正しく実践するといわれる共同体が初めて地上に誕生したことは事実である。これが歴史的にみたイスラムの「発生」である。しかし、イスラムの側からみた場合、この共同体（ウンマ Ummah）が成立するまでには長い人類史的背景がある。

人類史の中のウンマ

人類はかつて一つのウンマであったが、その後〔人々が互いに争い始めたので〕神は預言者たちを遣わして喜びの音信を伝えさせ、あるいは警告させ、人々の紛争を裁定するために真理の啓典を預言者と共に下し給うた。ところが、これをいただいた人々は明らかな御徴《みしるし》が彼らに下されているのに、かえって互いの不正のために相争った。ただ神は、彼らが相争った真理へ信仰深い者だけを特別の許しをもって導き給うた。神は欲し給う者を正しい道に導き給う（2：213)。

ここに天地創造以来の人間の歴史が簡潔に述べられている。人類は最初争いのない平和で正しい一つのウンマであった。ところがやがて人々は相争い対立し、多くのウンマに分裂してしまった。そこで神は人々の争いを裁決し、彼らを正しい道に連れ戻すために、その各々のウンマにそこから選び出した神の使徒（預言者）を遣わし、彼らに啓示して正しい信仰と行為規範を伝えさせた、というのである。

このようにして神は、アダムを初めとしてノア、アブラハム、イサク、ロト、ヨセフ、モーセ、ダヴィデ、ソロモン、ザカリヤ、ヨハネ、イエスなどすでに聖書において親しい人々を使徒としてそれぞれのウンマに遣わし、同じくフード、サーリフ、シュアイブらを各々アード族、サムード族、ミデヤン族などに遣わして福音と警告を伝えさせた。ムハンマドが『町々の母』（メッカ）とその周辺の人々」(6：92）に遣わされたのも、そのような神の使徒の一人としてであった。ウンマとは、まずこのように使徒たちが選び出され、遣わされる単位集団であった。

このようなウンマのあるもの——あるいはその一部——は使徒の警告を受け入れ、神に帰依する正しい集団となったが、やがてまたその中に争いが起って幾つもの集団に分かれてしまった。そしてこれらに対してさらに神の使徒が遣わされるということが繰り返されてきた。

他方、ウンマの中には初めから警告を拒み、使徒を迫害したり殺害したりするものさえあった。このようなウンマのあるものは神罰によって地上で滅ぼされてしまった。ノアのウンマ、ロトのウンマ、フードのウンマ（アード族）、シュアイブのウンマ（ミデヤン族）などがそれである。他のものは束の間の繁栄を謳歌したが、やがて地上から消滅してしまった。「すべてのウンマにはそれぞれ一定の寿命があり」(10：49)、どのウンマがいつまで続くかはすべて神の予定による。いずれにしても、最後の審判では人間はウンマ毎に神の前に引き出され、「あらゆるウンマから各々一人ずつ証人が呼び出され」(4：41)、使徒の立会いの下で審判が行なわれ、各ウンマの信仰者と無信仰者とが分けられる。

このように神は、人間の反抗と失敗の歴史にもかかわらず、いやそれだからこそ、人間に対する慈悲の心から次々と使徒を遣わして、彼らに正しい道を歩ませようとした。特に「イスラエルの子ら」には特別な恩恵として数多くの使徒を遣わし、神の啓示を伝えさせた。中でもモーセには「律法」、ダヴィデには「詩篇」、イエスには「福音書」を啓典として授けた。

モーセの民、イエスの民は今日ユダヤ教徒、キリスト教徒として知られる人たちである。だが、彼らはこのように神から特別な恩恵を受けた「啓典の民」 Ahl al-Kitāb でありながら互いに対立し、さらに神から与えられた啓典を隠蔽したり、改ざんしたり、あるいは使徒を神格化したりして道を踏み誤ってしまった。そして彼らは、新たに遣わされたムハンマドを使徒として認めないばかりか、その活動を妨害しようとさえしたのである。もっとも、「『啓典の民』の中には、夜もすがらひれ伏して神の御徴《みしるし》を誦み、神と終末の日を信じ、競って善行に励んでいるまじめなウンマもあり」(3：113)、また「モーセの民の中にも、真理をもって〔人を〕導き、また自らもそれによって正しく身を持しているウンマもある」(7：159)。

ウンマの本質

この「ウンマ」ummah に対して、邦訳コーランではしばしば「民族」という訳語があてられている。確かに、多くの使徒が遣わされた「イスラエルの子ら」のように、その結合範囲が「民族」と一致する場合が多い。だがこの場合でも、「ウンマ」は言語的文化的結合体としての民族というよりも、少くともコーランでみる限りむしろ血縁的結合体としての性格の強いものである。事実、「われら（神）はこれ（イスラエルの民）を一二の部族、つまりウンマに分けた」(7：160)とあるように、「部族」と同義に用いられている場合さえある。しかし、たとえウンマの結合範囲が民族や部族と重なり合う場合でも、それは必ずしも「ウンマ＝民族・部族」を意味するものではない。ウンマがコーランにおいて意味をもつのは、民族や部族そのものとしてではなく、神が人類救済の経綸に従って使徒を遣わし、人間に呼びかけるその単位集団としてであり、またその呼びかけに対する人間の側の応答の仕方の違いによって生じる人間集団としてである。その本質は、神の導き、および人間の生き方や信仰に関わるものである。もっとも、この段階ではまだウンマの中には神のよしとするものもあれば、そうでないものも含まれていた。このようなウンマの宗教的性格は、次の一節に端的に示されている。

> 各々のウンマが現にとり行なっている祭祀は皆われらが定めたものである。それ故、このことについて汝は他の人々からことあげされることはない。汝は主に祈れ。汝は正しい導きに従っている〔のだから〕（22：67）。

> われらの創造した者の中には、真理をもって人を導き、またそれによって正義を行なうウンマがある（7：181）。

コーランの中で単複合わせて六四回使用されている ummah の語の用例を時期的にみると、メッカ中・後期からメディナ初期に限定されており、しかもその圧倒的多数がメッカ後期に集中していることがわかる。これは、ムハンマドが自分が遣わされたウンマで烈しい迫害を受け、彼以前の使徒たちと同じ苦しい状況にあったことと無関係ではない。メッカ期に関する限り、ウンマについて大きな意味上の変化はみられないが、メディナ期になると、それは専ら「ムハンマドのウンマ」の意味で語られ、それに対応してウンマの宗教的意味も肯定的なものとなってくる。そしてさらに時代が下ると、もはやウンマの語は用いられず、専ら「汝ら」という呼びかけで神が直接「ウンマ」に語りかける形をとってくる。それは、神とこのウンマがすでに特殊な関係にあることを示している。

「ムハンマドのウンマ」

イスラムにおいて単に「ウンマ」といえば、それは一般に「ムハンマドのウンマ」al-Ummah al-Muḥammadiyah、つまりイスラム共同体を意味する。ところで「ウンマ」は、前述のように、元来は神の使徒が遣わされる単位集団、ないしはその一部を指す言葉として用いられていた。その意味で、ウンマは人間の信仰や生き方の問題に本質的に関わる共同体ではあるが、神の目からみてそれは必ずしも肯定される集団であるとは限らなかった。事実、多くのウンマはその不信仰の故に神の怒りを被って滅ぼされてしまった。

ムハンマドが遣わされたのも、「まだ啓典というものを知らない」(62：2)「『町々の母』とその周辺の人々」(6：92) に警告を与えるためであった。とはいえ、彼の警告の内容はけっしてメッカおよびその周辺の人々にのみ向けられた特殊なものではない。彼がもたらした啓典はそれ以前の啓示を否定するものではなく、むしろそれを確証するものである以上、本質的にはその内容は普遍的なものであるといえよう。

事実、すでにメッカ期末の啓示として、ムハンマドが遣わされたのは「あらゆる人々に対して喜びの音信と警告を与えさせるためであった」(34：28) と述べられている。そこから当然、ユダヤ教徒やキリスト教徒は「啓典の民」としてムハンマドを使徒として受け入れるはずであった。ましてムハンマドの出現がイエスによって予告されているとすれば (61：6) なおさらのことである。

ところで、ムハンマドは彼以前の警告者と同じく故郷でいれられずに迫害され、メディナにおいてようやく布教の努力が共同体組織の形で実を結ぶようになった。彼が「啓典の民」と直接的関係をもつようになるのはこの頃からであるが、それはまた彼らがムハンマドの使徒性を認めないことが明らかになる時でもあった。彼らには、自分たちの聖書の記述とくい違うところの多いムハンマドの使信を素直に神の言葉として受け入れることはできなかった。だがそれは、コーランの言葉によれば、「啓典の民」が前述のように邪悪な心にとりつかれて道を踏み誤っていたからにほかならない。

そこでコーランはこれら「啓典の民」にも呼びかけるのである。

啓典の民よ、こうしてわれらの使徒が使徒の〔遣わされる〕一定の合間をおいて汝らのところにも遣わされてきて、いろいろなことを説き明かしてくれる（5：19)。

汝ら、啓典の民よ、われらの遣わした使徒がこうして汝らのところに来て汝らが従来「聖書」について秘密にしてきたことを明るみに出し……（5：15)。

そしてムハンマドの啓典が純正なものであること、またイスラムの教えはユダヤ教徒でもキリスト教徒でもない純正な一神教徒（ハニーフ）アブラハムの伝統を直接受け継ぐものであること、しかもカァバ神殿はこのアブラハムの建立になる聖殿であることなどが強調されてくる。それに応じてキブラ（礼拝の方向）がエルサレムからメッカへと変えられる、といった一連の「儀礼のアラブ化」が遂行される。そしてイスラムは他の諸々の宗教に優越するものであることが強調されてくる。

彼（神）こそは、たとえ多神教徒が嫌っても、お導きと真実の宗教をもたせ、これがあらゆる宗教にまさることを宣言するために使徒を遣わし給うたお方である（9：33）。

このようにしてムハンマドは神の啓示を正しく伝え、それを地上に根付かせることに一応成功し、しかもその啓典の中で神がいい残したものは何一つないとなれば、もはや新たな使徒は必要ではない。こうしてムハンマドは「最後の預言者」（33：40）であることが表明される。それと同時に、「ムハンマドのウンマ」以外のウンマに対する関心は失われていく。

神とウンマの関係

この「ムハンマドのウンマ」こそ神の下した啓典・真理を正しく地上に具現するものであり、「すべての人々の間の問題は公正に裁かれ、誰も不当な目に遇うことのない」（10：47）、正義の行なわれる理想社会の実現を目指し、神のよしとする祝福された共同体であるとして、その全人類的使命が強調される。これはヒジュラ後の啓示に顕著にみられる傾向である。

汝ら全部が一つのウンマとして、人々を善に誘い、正しいことを勧め、邪悪なことを止めさせるように努めなければならない。そういう人たちは栄達の道をゆく（3：104）。

汝らは人類のために出現した最上のウンマである。汝らは正しいことを勧め、邪悪なことを止めさせようとし、神を信仰する。もし啓典の民も本当に信じていたならば、自分たちのためにどんなによかったことであろう。彼らの中には本当の信者もいたが、大多数は邪悪の徒である（3：110)。

このようにしてわれらは汝らを真中のウンマとした。それは汝らをすべての人々の証人とし、使徒を汝らの証人とするためである（2：143)。

このウンマが神の命令に従順であり、その使命を忠実に遂行している限り、それは神と特別な関係にあり、その真の指導者である神の加護の下にある。例えば、ヒジュラ後二年のバドルの戦の勝利に言及して、コーランは次のように述べている。

彼らを殺したのは汝らではない。神が彼らを殺し給うたのである。汝が射止めた時、射止めたのは汝ではなくて神が射止め給うたのである。これは、神がよい試練として信仰者を試み給うためであった。まことに神はあまねく聞き、よく知り給うお方である。……神は信仰者と共にい給うことを知るがよい（8：17－19)。

ムスリムはすべてこのように信じ、自己の共同体に対してそのような誇りと使命感をもっているのである。

しかし、このような「ムハンマドのウンマ」と神との関係、それに対する神の加護はけっして無条件のものではない。それは一種の契約に基づいている。人間の方で公然と神の命令に背き、その使命を放棄して契約を破棄するならば、神はまた別のウンマを選び出すこともできるのである。

信仰者たちよ、汝らがもし自分の宗教を棄てるようなことをすれば、神は必ず〔汝らの代りに〕別の集団を連れて来給うであろう。すなわち、神に愛され、神を愛し、信仰者たちには心ひくく、無信仰者たちには力をもって臨み、神の道のために戦い、いかなる者の非難をも恐れない人たちを。これこそ御心にかなう者に授け給う神の恩恵である（5：54）。

これはきわめて重要な点である。確かにウンマは神のよしとする〝選ばれた〟共同体である。しかし、それだけにその成員は、一方では、その共同体をより一層イスラム的にし――つまり、神の定めた正義の理想にそれを少しでも近づけ――、他方では、そのような正義の共同体を外に向ってより一層宣揚し拡大するように各人がそれぞれ努力する義務を神に負っていることを意味する。もし共同体が全体としてその義務を放棄し、神との契約を破棄するならば、共同体と神との関係は断たれ、それはただの世俗的目的のための人間集団にすぎないものとなり、その成員は人間としての本来的理想を喪失した人生を送ることになるのである。

2　ウンマの構造的特質

「聖なる共同体」

イスラムには教会はない、とはムスリム、非ムスリム双方によってしばしばいわれることである。もっとも、双方がそれによって意味するところは異なる。

すなわち、ムスリムにとってそれは、大むねイスラムには特権的祭司階級がないということであり、非ムスリムからすれば、イスラムは祭政一致のテオクラシーであり、そこには「特殊宗教集団」specifically religious group としての「教会」は存在しないということのようである。

確かに「教会」という言葉を特殊キリスト教的な意味に理解すれば、もちろんそのような制度はイスラムにはない。しかし、それを広く一般的な意味にとれば、イスラムにも――また他の宗教にも――「教会」は存在する。とすれば、まずイスラムにおける「教会」とは何か、他の人間集団および他の「教会」との共通点・差異点は何か、を明らかにすることが、イスラムの歴史的展開を理解する上で本質的に重要なこととなる。

いまこの「教会」を「聖なる共同体」holy community（ジョセフ・M・キタガワ）という一般的な用語に置き替えて考えてみよう。「未開」宗教であると「高等」宗教であるとを問わず、どの宗教にも信仰を同じくする者が同一の宗教的理想の下に集まってつくる人間集団がある。それは村落、都市、血縁集団、カースト、民族、国家などと重なり合う形で存在するかもしれない。あるいは、そのような「自然集団」natural group の枠を越えた、純粋に信仰のみによる結合体として存在するかもしれない。

いずれにしても、このような信仰集団はその宗教の聖なる理想を具体的に体現する地上的存在であり、他の集合体にはみられない特有の宗教的価値を附与されている。信仰の目からみれば、それは〈神〉の意志・宇宙的秩序・真理を反映し、たとえ不完全ではあってもそれを具現するものである。このようにしてそれは、神（究極的価値）と特殊な関係をもつ一種の神秘体として、まさに聖なる共同体なのである。

この「聖なる共同体」には二つの側面がある。「目に見える」面と「目に見えない」面である。まず後者についていえば、それは人間存在の本来的あり方や理想を示すものであり、成員はすべて信仰の決断によってこの理想を神が与えた——あるいは覚者が悟った——宇宙の神聖なる根本真理として受け入れ、それを共同体の中で実現しようとする。この限りにおいて、この共同体は〈聖なるもの〉と密接な関わりの中で固有の意味をもった聖なる共同体となる。これが他の俗なる人間集団と異なる点である。

他方、「聖なる共同体」は聖なる価値を体現するものではあっても、「目に見える」存在、歴史的形態としてみた場合、けっして理想通りのものではない。現実の有限な人間が構成する集団として、それは人間的、歴史的制約から免れることはできない。その意味では、他の世俗的人間集団と共通する不完全な共同体である。

「聖なる共同体」がもつこの二つの側面、いい換えれば、そのあるべき姿とそれが現実にある姿は完全に一致することはない。それは静的固定的な意味においてそうなのではない。常に変化する具体的歴史の中にあり、またその中にしか存在しえない「聖なる共同体」は、断えずさまざまな人間的歴史的諸要因によってそのあるべき姿から遠ざかり俗化するような作用を受ける。それに対して成員の信仰は、常にある姿をあるべき姿へと引き上げ聖化するように作用するものなのである。このように「聖なる共同体」は常に相反する二つのヴェクトルの相克と緊張の中にあり、その均衡状態が「目に見える」現実の姿であるともいえる。したがって、宗教集団を宗教集団として正しく理解するには、その現実のあるがままの姿のみをとらえて、それが目指しているあるべき姿、つまり「目に見えない」面を見落したり、逆にその理想のみをとらえて現実の姿を無視したりしてはならない。

このような「聖なる共同体」の例として、キリスト教の「教会」Ekklesia、仏教の「僧伽」Saṃgha などをあげうるとすれば、イスラムにおいてそれに相応するものがまさにこの「ウンマ」である。

生活共同体

イスラム「教会」としてのウンマを真に指導するものは神である。神は使徒ムハンマドが在世中は彼を通して、その共同体の直面するさまざまな問題に対して直接に指針を与えてきた。もっとも、それは必要に応じてその場その場で与えられたもので、けっして体系的に一貫した形のものではなかった。ムハンマドはそのような神の指針を伝える預言者としてのみならず、神の手足、「道具」としてそれを現実に適用し実践させる政治家として、また神の直接的指針のない場合には——その方が多かったが——神の名において自ら裁定を下し法を与える立法者として、共同体を指導してきた。このような預言者の行為や言葉に示された「範例」はスンナ

Sunnah として、コーランを補い、それに次ぐものとして権威をもってきたのである。

それはともかく、神の授けたこの指針こそウンマの存在理由そのものであり、その基礎をなすものである。それは善悪・正邪についての人間の最高の価値判断の基準であると同時に、日常生活上の具体的な行為規範でもある。すでに述べたように、その内容は神、宇宙、来世などについての教義を初めとして、礼拝、断食、喜捨、巡礼のような儀礼に関するもののみならず、タブーや礼儀作法から売買、婚姻、離婚、相続、裁判、刑罰、戦争など社会生活上きわめて多岐にわたる部分をカヴァーしている。この神の啓示（コーラン）とムハンマドのスンナを主要な法源とし、それを基にしてのちに体系化されたものがシャリーア Sharīʿah（イスラム法）と呼ばれるものである。

イスラム共同体とは、ただ個人の良心・内的動機において神の命令に誠実に生きようとする——したがって、具体的な社会的行動形態においては多様な現われ方が可能となる——人間の「霊的」集団であるだけではない。それは、日常生活に関して神が直接・間接に提示した行為規範を神への内的信仰・帰依の具体的表現の仕方として受け入れ、そのような規範に従って信仰を表明しようとする人々の共同体である。いい換えれば、イスラムにおける「信仰」（イーマーン īmān）とは、単に神や来世についての教義を受け入れるだけではなく、神の啓示としてムハンマドが伝えた行為規範こそ最も正しい生活様式だとして受け入れ、それにコミットして生きることを意味する。

イスラムでは、神の定めた日常生活上の倫理的法的規範に従うということは、儀礼の場合と同様に神への信仰の表白行為なのである。社会の現世的秩序や正義、およびそれを実現するための具体的方法の問題は、宗教が直接関与しない「俗」なる領域ではなく、むしろ社会のこの側面こそまさに神への信仰の外的表現として等しく宗教的に重要であり、当然神の定める法によって規制されるべきだと考えるのである。

ウンマとは、イスラム的教義や儀礼、イスラム的倫理のみならず、イスラム的結婚や離婚、イスラム的相続等々、要するにトータルな形でのイスラム的生き方や生活様式を受け入れた人々がそれに基づいて構成している共同体のことである。ムスリム主体に即してより正確ないい方をすれば、ウンマとは、神と人間、および人間と人間の関係において正しく生きようとする人々の共同体であるといえよう。ただそれが特異な点は、イスラムでは何が正しいかということについての究極的な判断の基準は、ムハンマドが伝えた神の啓示であるというにすぎない。

このようにイスラムでは、宗教共同体（「教会」）は一般社会から区別され離れて存在するのではなく、むしろそれに積極的に働きかけ、それをイスラム化しようとする。いい換えれば、それを本来の正しいあり方に変えようとする。ウンマはこのように宗教共同体であると同時に、生活共同体でもある。そこにウンマの大きな特徴がある。

聖と俗

イスラムの「聖なる共同体」は生活共同体として、個人の「霊的」領域のみならず、日常の社会生活全般に関わる「俗なる」領域をも包み込んでいる。例えば、共同体内の法は神の定めた聖法（シャリーア）であり、政治指導者は神の使徒であり、その後は「神の使徒の後継者」（カリフ Khalīfah）あるいは「信徒の長」Amīr al-Mu'minīn であり、そのような指導者が遂行する戦争は悪に対する「聖戦」Jihād となり、共同体内の個人の安全は「神の〔保障する〕安全」Dhimmah Allāh である等々、共同体内のことはすべて神の名の下になされる。したがって、政治的反抗は宗教的プロテストとなり、体制への批判は異端となり、政治的社会的対立は教義的対立となり、逆に教義的対立が政治的対立となる。そこからしばしば、イスラムには聖と俗の区別がないといわれるのである。だが、果してそうであろうか。

いまかりに〈神〉の目からみてプラスの価値をもつものを「聖」とし、マイナスの価値をもつものを「俗」とするならば、イスラムにも確かにそのような聖と俗の区別は厳然と存在する。まず、神の律法についてみれば、神の命令したことが聖であり、禁止したことが俗となる。さらに、メッカの聖域や神聖月、礼拝の前の浄めなどにみられる時間・空間・儀礼の面での聖俗の区別もある。また人間の行為についてみると、神の命令や禁止に従うことが聖であり、それに背くことが俗であるといえる。

もっとも人間の行為におけるこの聖俗の二区分はけっして固定的なものではない。すなわち、人間の目からみて聖なる行為が神の目からみて俗なる行為でしかない場合がある。内心のあり方に応じて人間の行為は聖になったり俗になったりするからである。そして本来聖なる行為であるべきものが俗なるものへと転化する危険（偽善と形式主義）はイスラムに限らずどの宗教にも常に存在するが、現世的な問題にも積極的に関わろうとするイスラムの場合、特にその傾向が顕著に現われ易い。ちなみに、イスラムにおいてこのような「世俗化」の一般的傾向に対する「プロテスト」として、行為の内面性を強調して現われたのがスーフィー（後述）である。

他方、「俗」の語を「現世（的）」という意味に用いるなら、イスラムは現世の問題をも宗教的に重要視し、それに積極的かつ直接的に関わる宗教であるという意味では、確かに聖俗の区別はないといえる。だが、これには幾つかの説明が必要である。まず、現世の問題を宗教的に重要視するとはいえ、それはけっして現世を絶対視することではない。イスラムにおいて究極的価値はあくまでも来世にある。現世および地上的なもの――共同体内の諸々の制度や教義なども含めて――は、終末との関係において初めて価値をもつものとして、すべては相対化される。だが、そのように相対的なものが絶対化される時、それは宗教の否定する現世主義であり、そのような行為はたとえ形式的には聖なるものであっても、直ちに俗なるものに転化する。

次に、イスラムは現世の問題にも直接関わり、理念的には神の法は人間の全生活分野をカヴァーするものであるが、現実にはけっしてそうではない。まず、神の法（シャリーア）がそのまま完全に実施されるということはありえないことが指摘される。次に、シャリーアそのものをみても、それが主に関わるのは儀礼や家族法の領域であり、それ以外の領域への言及は少ない。それに代ってしばしば「慣習法」やスルターンが国家統治の必要上発布した「カーヌーン Qānūn 法」などがこれまで用いられてきた。もっとも、これらはあくまで「シャリーアを補うもの」であって、それに代わるものではないとしてシャリーアの普遍性の原則は守られていた。その他、数学の解き方や家の建築にイスラム的方法があるわけではない。このように、イスラムは生活の全分野に関わるといわれながらも、実際にはシャリーアと関係なく営まれる活動分野が多くあることがわかる。

しかし、ここで考えなければならないことは、服装や料理の仕方が現に神の法とは無関係に定められるからといって、それらが無条件に神の法と無関係なのではないということである。つまり、それは神の法に照らしてそれと直接関係はないと判断された結果そうなのである。それはちょうど、豚肉、死獣の肉、血以外のもので、神の御名によって屠殺されたものであれば、何をどのように料理して食べても神の法とは無関係だというに等しい。それだけに、時代によってこの関係の有無についての解釈が異なってくる場合が当然出てくる。例えば、ケマル・アタチュルクがかつてトルコ帽を廃止してハットの着用を法律によって義務づけようとした時、それは「シャリーアに反することだ」として猛烈な反対にあった。だがこのトルコ帽は、それより百年程前にスルターンが新規に採用したもので、本来シャリーアとは何の関係もないものであった。

在家の宗教

われわれは先に、イスラム共同体は生活共同体であり、イスラムは現世の問題にも積極的に関与する宗教であるといった。その意味は、イスラムは日常の生活から離れて存在するのではなく、まさに日々の生活そのものの中にある宗教だということである。ムスリム（イスラム教徒）であるためには特別な修行も秘蹟も必要とされない。普通の職業に就き、普通に結婚し家庭をもうけ、普通に生活していてよいのである。ただ、この普通の日常生活において各人がその行ないをより正しいものにしようというだけである。そしてイスラムは、神の法の中に何が正しい行為であるかを明らかにしているのである。

人間が来世において救われるのは、ただその人の信仰と行為による。その他には学問も地位も富も権力も一切無用であり、また誰も自分以外の人の救いを神に仲介したり、その手助けをすることはできない。

主の御元に召し出されるのを恐れる人々にこういって警告するがよい。彼らには主のほかにいかなる保護者も、とりなしをする人もいない。彼らが主を恐れるようになるならよい、と(6：51)。

したがって、イスラム共同体には僧侶や祭司といった特別の階級も位階制度もない。すべては神の前に平等である。そこにみられるのは徹底した在家主義の精神である。

もっとも、イスラムには祭司階級に対応するものは存在する。ウラマー 'Ulamā' 集団がそれである。しかし、彼らはこの語が本来意味するように「学者」集団、つまり聖法学者集団のことである。なるほど彼らは聖法や教義について専門的な知識をもち、イスラムの知的伝統を代表する者ではある。彼らはイスラムの教義を弁護したり発展させたり、あるいは共同体が直面する新しい聖法上の問題や状況に対して、どれが神の意にかなうものであるかを教示してやることはできる。このように「聖なる学問」に携わる者として、彼らは一般の人々から〝聖職者〟として尊敬されることは事実である。しかし、ウラマーは神に代わり秘蹟を行なって一般信徒の罪を祓い、その赦しをとりなしたりして、彼らの救済の問題に直接関わることはできない。自らの言葉と行為によって一般信徒を正しい行為へと導くことはできるが、一般信徒が実際に教示通りに信じ行動するか否かは、彼ら一人一人の決断と責任に委ねられる。この点では、ウラマーと一般信徒の間には何の区別もないのである。

ウラマーといいカリフといい、これらは「聖なる共同体」であるウンマを維持発展させていく上での分業にすぎない。ウラマーが共同体の知的伝統を代弁するとすれば、カリフはそれを実際に適用し、共同体の統一・守護・発展に当たる政治権力を代表するものである。そのためにはカリフは、神の法に従って税を徴収して警察や官吏を維持し、軍隊を指揮したりする。だが、これらの職務・地位はカリフ個人の救いの問題とは直接には関係しない。それはただ彼自身の信仰と行為によるのみである。このようにみてくると、ウラマーとカリフを単純にキリスト教の場合のように、「教権」と「俗権」ととらえる理解の仕方は誤りであることがわかる。

イスラムでは、ウラマーが全体として強固なヒエラルキーの中に組織化され、教義や法解釈において彼らが集団として宗教的に特殊な権威をもつものとはみなされなかった。確かに教義や法解釈上の個々の問題について判断を下すのは個々のウラマーであるが、その判断は正しい場合もあるし誤っている場合もある。この最終的判断を下すのは誰であろうか。それはウラマーの代表による公的会議ではない。イスラムにはかつてそのようなものは存在したことがなかった。それは一般信徒をも含めた共同体全体の「合意」（イジュマー Ijmāʿ）による。とはいえ、この「合意」を表明する具体的な公的機関や手続きがあるわけではない。それは共同体内に徐々に形成される〝世論〟あるいは一般的合意にほかならない。ウラマーはせいぜいこの世論の形成過程において影響力をもつにすぎない。

イスラムでは、このようにして確立したイジュマーは不可謬であるとして、最終的かつ絶対的な権威を附与されるのである。ここにわれわれはイスラムに一貫して流れる平等主義・在家主義およびイスラム共同体そのものの神聖性の端的な表現をみるのである。

3 ウンマの現実態

ウンマの動態

これまで主としてウンマの理念、その「目に見えない」側面について述べてきた。もちろん、現実のウンマ、その「目に見える」姿はけっして理想的なあり方と一致するものではない。ムハンマド自らの指導した最初期のウンマでは、その現実の姿はかなり理想に近いものであったにしても（少くともムスリムはそう考えている）、その後の歴史においては、その理念と現実の間には大きな隔たりがあるのが常であった。そしてその隔たりは、特に政治の次元において顕著であった。

しかし、このような理想と現実の乖離は、すでに述べたようにけっして異常なことではない。宗教的理想が信仰者を駆り立て、彼をして現実を少しでも理想に近づけるように努力せしめる限り、そのような乖離は宗教的にはむしろ正常である。そもそも超越的真理というものは、実際には〝真空〟の中にではなく、人間の具体的歴史の中にしか存在しえない。それが人間社会の中に現実化されるということは、必然的に歴史化され、歴史的制約を受けることを意味する。その意味で、超越的真理はけっして完全には現実化されないし、現実化されたものは必然的に不完全たらざるをえない。（したがって、もしある特定の現実態を理想そのものと考えるならば、それは歴史的な制度や教義の絶対化であり、危険な独善を生むことになる。）もっとも、その不完全さがあまりにも顕わになってくると、現実をその本来の姿に引戻そうとする自浄作用がより強く激しく現われてくる。例えば、ウンマは本来、地縁や血縁、民族などの枠を越えた信仰による結合体である。しかし、それが最初現実化され歴史化されたのは、無色透明で真空な社会ではなくて、アラブ部族社会というすでに着色された社会においてであり、したがって必然的に部族的伝統の影響を受けることになる。

だが、このような部族的伝統の影響は本来イスラム的理念と矛盾するものとして残存しているのではないが、一定の歴史的状況の中では、部族的伝統の中でかつて否定された、あるいは否定されるべきであった反イスラム的要素が顕在化することがある。そこでそのような共同体をそれ本来の理想に引戻そうという反動が強く現われてくるのである。

ウンマは信仰共同体であり、そこでは部族的結合原理は積極的な意味をもたなくなったが、それで部族的党派意識や対立が完全に消滅したわけではない。特に南部と北部の部族的対立は後々までも引き継がれたし、ムハンマドの死後間もなく表面化したムハージルーンとアンサールの対立もこの部族的連帯意識（アサビーヤ ʻaṣabiyah）と無関係ではなかった。また、アラブ諸部族の入信に際しては、部族組織は解体されるのではなく、むしろそのまま温存された。そして、大征服時代の軍の編成、給与や年金の支給などにおいて、部族組織が積極的に利用されたのが実情であり、ウンマ自体が一つの部族としての性格をもっていたとさえいえるほどであった。

さらに、初期イスラムの大征服によるウンマの地上的発展を支えたのはこれらアラブ部族である。コーランに繰り返し説かれているように、「神の道」に身命を献げて努力すること（ジハード）はまさに信仰の証しであった。これらアラブ戦士たちは無事生還すれば厖大な戦利品の分配に与かることができ、戦死すれば「殉教者」として天国を約束された。彼らは征服地において土着化することを禁じられ、ただイスラムの先兵として行動し、そこから自分たちアラブこそムスリム中のムスリムと考えるようになったのである。このアラブ・ムスリムの特権意識を支えたいま一つの要因は、コーランの言葉が自分たちのアラビア語であるという共通の誇りであった。これが逆に「アラビア語を知らない者」（アジャミー ʻajamī）に対する蔑視となって現われる。

このようなことから、改宗によってますます増加した非アラブ・ムスリムは、等しくムスリムでありながら「マワーリー」Mawālī（解放奴隷）の名で呼ばれ、アラブ・ムスリムと対等の市民とはみなされなかった。特に税制上の差別は彼らの間に大きな不満をよび起した。このような社会的経済的不公正は、ウンマという信仰共同体の中では、けっして単なる社会的経済的問題として宗教とは無関係なものとみなされない。そのような不公正は何よりもまず宗教的罪悪なのである。したがって、それを矯正するように努力することは当然宗教的義務とされる。この「マワーリー」問題に積極的関心を示したのが特にシーア派——それも特にムフタールの反乱（後述）において——であった。

このシーア派と対極にあって、しかもそれと同じく過激な反体制的宗教運動を展開していったのがハーリジー派であるが、これも基本的には第三代カリフ、ウスマーン ʻUthmān 以後の「社会的政治的」不正に対する宗教的革命運動であった。

このように現実のウンマにはさまざまな不正や欠陥がある。もちろん、それが出てくるにはそれなりの歴史的原因があり、けっして特定個人の性格や能力の問題としてのみ説明できるものではない。ただ、通常の状態では、この現実の理想からの乖離と信仰による自浄作用はほぼ均衡状態にあるが、その距離が何らかの歴史的事情によってある程度以上に増大すると、それに対応して自浄作用も烈しさを増してくる。改革運動といわれるものがそれである。ただ、歴史的状況の違いによって、「不正・堕落」といわれるものの具体的あり方が異なってくるし、またそれを具体的にどう認識するかも多様であるのと同様に、それに対する「改革」の方法も多様なものとなってくる。このようにして、ウンマは歴史的に多様な現われ方をするものであるが、重要なことは、そのようなウンマの歴史的形態を固定的に把え、それをウンマの本質的性格と見誤り、それがもつ「目に見えない」側面を見落さないことである。

ウンマの構造的変容

ウンマは家族、村落、部族、民族、国家などの自然集団を越えた信仰による普遍的結合体であると同時に、生活共同体でもあるということが、ウンマの現実形態を多様なものとする。生活共同体であるということは、「宗教的」生活のみならず市民的生活をも共にする人々の集合体であることを意味する。これは、成員間に「われわれ」としての強固な仲間意識と結合関係を生み出すと同時に、それは外の人間に対しては排他的な共同体となって現われる。つまり、個々のムスリムが主観的に排他意識をもつか否かの問題以前に、外の人間が真の意味でムスリムと市民的生活を共にすることが——少くともこれまで——きわめて困難であったし、またそれは法的には不可能であったということである。そこからムスリムはムスリム同士で集まって一つのコミュニティーをつくってきたし、ウンマとは元来そのような緊密なムスリムの結合体であった。ムスリムがそのような単一の共同体をつくるということは、外部の人間にも同様のことを要求するということでもあった。このような生活共同体として、ウンマはこれまでしばしば現実には部族、民族、国家などと重なり合う形で存在してきたし、またそれはイスラム的に可能なことでもある。ただその場合、ウンマは本来信仰による普遍的結合体であるために、そのような「自然集団」としての紐帯はあくまでも従属的な結合要因であり、それはすべての人々に開かれた共同体であるということが重要である。

こうしてウンマの具体的形態は多様となるが、その歴史的変化を概観してみると、まずメディナを中心とするアラビア半島内における、ムハンマド在世中のウンマがある。それは国家と呼ぶにはあまりにもプリミティヴであり、まさに「コミュニティー」あるいは教団と呼ぶにふさわしいものである。現実には、部族連合的なもので、名実共に国家としての条件を備えてくるのは、ムハンマド晩年のことである。この時でさえ、ウンマはそれ自体が一つの「部族」とみなしうるような特徴をまだ多くもっていたのである。

次に、「正統カリフ」時代末期からアッバース朝初期にかけて、ウンマは多民族的普遍国家としての「帝国」となってくる。もっともウマイヤ朝においては、まだアラブ的要素が強調されていて真の意味で普遍国家と呼びうるか否かについては問題が多い。

ところがアッバース朝も百年をすぎると、諸所に独立・半独立の王朝が生まれ、相互に対立抗争を繰り返すことになって、ウンマは政治的に分裂してくる。こうしてもはや単一国家としての統一的ウンマは姿を消す。そこではウンマは、せいぜい「戦争の地」Dār al-Ḥarb に対する「イスラムの地」Dār al-Islām ないしは「イスラム世界」という程度の内実の稀薄化したものでしかない。特に一三世紀以降の社会的混乱期では、個々のムスリムにとって生活共同体としての実感をもちうるのは地域共同体であり、ウンマとは事実上そのような地域共同体の集合体にすぎないものとなる。そしてこのような個々の地域共同体およびそれらを横に結びつける紐帯をなしたのが民衆化したスーフィズムである。近代以降になると、それら地域共同体は民族国家の中に再編成されていき、ウンマは現実にはこれら民族国家の集合体となってくる。

この場合でも、各民族国家はあくまでもウンマの一部を構成するもので、少くともイスラム的には、民族国家それ自体が絶対的な価値をもつものではない。したがって、ナショナリズムとイスラムは一般的には対立するものではあっても、イスラムの場合、この「ネーション」nation（民族）自体にすでにウンマの一部としての側面があり、また「国家」そのものがイスラムの中で積極的な——絶対的ではないが——意味をもちうることから、イスラム世界におけるナショナリズムを必ずしも普遍主義的原理としてのイスラムと対立的関係にあるものとしてのみとらえることもできない。そこにまた、国家の枠を越えてムスリム同士が互いに同胞として連帯する基盤があるといえる。

第四章　「異端」――ハーリジー派とシーア派

1　ハーリジー派

正統と異端

今日、イスラムにおける正統と異端といえば、正統＝スンニー派、異端＝シーア派（およびハーリジー派、ムゥタズィラ派等々）という図式が一般的には成立している。しかし、それはあくまでもスンニー派の側からみた場合の区分である。これら「異端」運動の担い手たちが自らをそのように意識して行動していたわけではけっしてない。彼らはむしろ自らの立場こそ「正統」であるとし、そこから既存の宗教的秩序を非とし、それにプロテストする運動として出発したのである。まして今日、シーア派はイランの国教としてそこで「正統」的イスラムの地位をえていることを考えると、ある立場をまず正統であるか異端であるかということから規定して理解しようとするのは正しい方法とはいえない。

そもそも「正統」「異端」という概念は相対的なものである。特にまだ「正統」的立場が明確に定式化されていないイスラム初期の時代では、あらゆる宗教的思想的立場が正統となりうる可能性をもっていたし、またどの立場が正統となるであろうかを当時において見究めることは事実上不可能であった。では、正統と異端の分岐はまったくの（宗教的政治的その他の）偶然によるものであって、正統性の基準というものはまったくないのであろうか。確かに「正統」の側も「異端」の側も等しくその根拠を神の啓示に求める。とすると違いはその解釈にあるのではなかろうか。そこで正統派といわれるグループの解釈についてみると、啓示の中に示されている高い宗教的倫理的理想を指向しながらも、その実際的適用においてはきわめて現実的であることがわかる。それは、平均的信徒でも実行可能で、したがって彼らでも救済可能な方法を説く。また教義内容についてみると、啓示の特定部分を極端に強調するのではなく、啓示全体を一つとしてとらえ、調和的に解釈しようとする。それは、われわれが前述したイスラム共同体のもつ二つの側面、つまり「目に見える」面と「目に見えない」面の双方を充分に自覚した結果であるといえよう。共同体の使命と理想を自覚しながらも、それはけっして完全なものたりえないことを充分知っている。したがって、正統派は穏健で急激な変革を好まず、中道的で体制維持を求める多数派を代弁することになる。

これに対して異端派は、体制的多数派への批判という形で現われる。この批判はもちろん原初の純粋な啓示への復帰という形をとるが、その解釈は常に部分的一面的であり、ラディカルである。彼らは多数派の「堕落」「妥協」「修正主義」路線を批判するのにきわめて高く純粋な倫理基準をもってする。その基本的立場は達人的英雄主義であり、道徳的リゴリズムである。したがって、そのグループはその基本的立場を変えない限り、達人的エリート集団として必然的に少数派たらざるをえない。

この正統と異端という区別はもとより最初からあるわけではない。イスラムの場合、まず初めに神の啓示があり、それに対してまだ定式化されてはいないが、多数が受け入れている暗黙の「解釈」があった。それは具体的には、イスラム共同体内に確立した既成秩序と不可分な形で存在していた。だが、このような多数派の暗黙の立場は、その後生起するさまざまな「異端」的運動との関わりの中で徐々に明確化してくる。それがスンニー派である。そして、このような初期の「異端」運動を代表するものがハーリジー派とシーア派である。そこでまず前者についてみよう。

運動の発端　その直接的契機は六五七年のスィッフィーン Ṣiffīn の戦である。これは、その前年に殺害された三代目カリフ、ウスマーン ʿUthmān の後任としてカリフに選ばれたアリー ʿAlī とそれを認めないムアーウィヤ Muʿāwiyah との戦であった。アリー側は、終始戦を有利に進め、勝利を目前にしながら、ムアーウィヤ側の「申し出」によって停戦にもち込まれ、事態は調停によって決せられることになった。伝えるところでは、ムアーウィヤは智将アムル・イブン・アース ʿAmr b. al-ʿĀṣ の進言をいれ、部下に命じてコーランの切片を槍の先につけさせ、争いをコーランによって決しようという意志表示をさせた。すでに両軍とも長時間にわたる戦で疲弊しており、ムアーウィヤ側の出した「提案」をアリー側の多数の者が自分たちに都合のいいように解釈して、コーランに訴えることによって彼らのムアーウィヤに対する戦の正当性が証明されるという甘い期待をいだいたのである。

しかし、「コーランによって決する」とはいえ、もちろん当の問題についてコーランに直接的な規定があろうはずはない。したがって、その「提案」は具体的には何の意味ももたないものであった。だが、ムアーウィヤ側にすれば、その結論がどうであれ、時をかせぐだけで充分であった。アリー自身はこのことを充分承知していたであろうが、多数の将兵の意向を無視することはできなかった。ところが、アリーの調停受諾によって異変が生じたのである。すなわち、その決定に反対する一部の者がアリーの陣営から「出て行った」kharaja のである。これが「ハーリジー Khāriji 派」ないしはその複数形「ハワーリジュ Khawārij 派」（「出て行く者」）の起源だといわれる。彼らのスローガンは「裁決は神にのみ属す」であった。これだけをみる限り、彼らが「出て行く」理由はなさそうであるが、彼らにとって「神の裁決」とは、具体的にはコーラン四九章九節の部分を意味していたといわれる。

もし信者たちが二派に分かれて争っていたら、汝らが両者を仲裁せよ。もし両者のうち一方が他方に罪を犯しているのなら、彼らが神のご命令に戻るまで、汝らもこれと戦うがよい。もし戻れば、両者の間を公平にとり鎮めよ。公正にやるのだ。神は公正な者を愛し給う。

ハーリジー派にとって、「罪を犯している」のはムアーウィヤ側であって、それに対して戦うことが「神の裁決」であり、そこには人間の話し合いによる妥協の余地はなかったのである。

ではなぜハーリジー派はムアーウィヤの行動を非とし、したがってまた彼と妥協したアリーの行動をも非として、これらと対立しなければならなかったのであろうか。一見どこにでもありそうなアリーとムアーウィヤの政治的権力闘争にどのような宗教的意味があったのだろうか。

運動発生の史的背景　預言者ムハンマドはメディナを中心とするアラビア半島のほぼ全域にイスラムによる正義と統一と平和を与えて、六三二年に世を去った。残された教友たちは、使徒の遺産であるこの共同体を受け継ぎ、その統一を保持しつつ、それに課された使命を遂行する義務を負わされたのである。

イスラム共同体は、使徒の死によってまず二つの大きな危機に直面した。使徒の後を継ぐ指導者の問題とアラブ諸部族の離反（「背教」）の問題であった。前者については、アブー・バクルが初代カリフに選出されることで回避された。そして彼の努力によってこれら「背教者」のアラブ諸部族は再び武力制圧されて、共同体の統一は回復された。

続いて六三四年にウマルが次のカリフに選ばれるや、こうして結集されたムスリム（イスラム教徒）のエネルギーは半島の外に拡がる広大な地域にイスラムの政治権力を確立するための「大征服」に向けられる。そして、このウマルの長い在位期間中に、途方もなく拡大した新しいウンマの基本的諸制度が確立する。

だが、ウマルが六四四年にキリスト教徒によって殺され、三代目のカリフにウスマーンが選ばれて就任すると、共同体は徐々に内乱へと一歩ずつ踏み出してゆくことになる。

このウスマーンはウマイヤ Umayyah 家の出身であった。ウマイヤ家といえば、ムハンマドのメッカでの宣教を最後まで妨害し、メッカ征服後ようやくイスラムに入信したメッカの商人貴族を代表する一族であった。彼らは、入信後もさまざまな機会をとらえては共同体内での自分たちの発言力の増大を計ろうとしていた。

もちろん、ウスマーン自身は非常に早い頃入信した長老の一人で、優柔不断な性格ではあったが敬虔なムスリムであった。彼のカリフ就任はこのようなウマイヤ家の人々にとっては好機到来であった。やがて彼らの期待は一連の重要な人事異動となって実現された。すなわち、幾つかの重要な政府ポストが同族の者によって占められることになった。しかも新たに登用された人の中には、使徒に呪われ、メッカ征服後に追放された好ましからざる人物もいたのである。さらにまた彼はそれまで禁止されていた国有地の私有化を部分的に許したりもした。このようなウスマーンのやり方は、ウマルの善政をみてきた者には、縁者びいきであり、地位と権力を私物化し、宗教を世俗的目的に従属させるものであるとして、彼らの大きな不満と非難をまねいた。

確かにそのような不満の直接的な原因はウスマーンの個人的失政にあった。だが、それにはもっと根深い客観的原因もあった。すなわち、ウンマの急速な拡大による社会の構造的変化である。ウンマの空間的拡大は、緊密な生活共同体にみられる「われわれ」意識の稀薄化をもたらした。加えて、統治機構の拡大に伴う官僚主義化、従来の家父長的個人的支配関係の非人格化、自由な遊牧生活から兵士として戦闘時以外は兵営で暮す俸給生活への変化等々、要するに生活様式の急激な変化があった。そのような変化に適応できない者には、自分たちの共同体や運命、世の中の動きが自分たちとは関係のない所で決定され、しかも自分たちのよしとしない方向へと進行していくように思われ、それが彼らに不安と苛立ちを与えたのである。

ただウマルの時代においては、カリフの強力な人格と優れた指導力によって、これらアラブ戦士たち Muqātilah は自己の宗教的倫理的理想と政府の具体的政策の間にそれほどの違和感を抱くことはなく、むしろ自分たちの行動に積極的な意味を見出すことができたのである。ところが、ウスマーンのカリフ就任以来、事態が変わってきた。政府はウマイヤ家の私情によって動かされ、「聖なる共同体」は全体として誤った方向に進んでいるのではなかろうか、という不満と危機感が拡がっていった。もっとも、ウスマーン自身の行動には、それなりの政治的理由がなかったわけではない。

ついに六五六年、エジプト駐在の兵士約五百人がメディナにやって来て、カリフの家を襲い、コーラン読誦中のウスマーンを殺害した。これはムスリムが他のムスリム同胞を意図的に殺害するというイスラム史上かつてなかった重大事件である。有力な長老たちはこの事態を予知していち早くメディナを離れていたが、アリーはそこに留っていた。おそらく彼の実力をもってすれば、事件を回避できないにしても、何らかの方策を講ずることはできたであろう。しかも悪いことには、事件後一週間ほどして、まだ叛徒がメディナを去る前にこのアリーがカリフに選ばれたのである。当時シリア州の知事であり、政治的野心を抱くムアーウィヤは同じウマイヤ家の出身者として、このアリーのカリフ就任を認めることはできなかった。彼はアリーがウスマーン暗殺に関係していたかのように宣伝し、その復讐を宣言した。そしてアリー自身には事件の首謀者の引き渡しを求めたのである。これを拒絶したアリーとムアーウィヤはついに戦場で相まみえることになる。これがスィッフィーンの戦である。

ハーリジー派の活動

ハーリジー派がこの戦でアリーを見棄てた理由は明快である。ウスマーンは共同体の指導者として重大な罪を犯したのであり、彼は殺されるべくして殺されたのである。したがって、その復讐を果そうとするムアーウィヤの行為は悪であり、ムアーウィヤに戦闘をいどむアリーは正義である。ハーリジー派がアリーを支持したのはただそのためであり、したがってまた彼を見棄て彼に敵対するようになったのは、彼が調停受諾によって悪と取引きをしようとしたからにほかならない。

アリーの陣営を離れたハーリジー派はクーファ近郊のハルーラーに集結して、新たな指導者を選び、活動を開始する。この派の宣伝や工作による第二の離脱組を含めて、六五九年、ついにアリーの軍とバグダードに近いナフラワーンで対決することになる。

ハーリジー派は、「神との対面の準備をせん。いざ赴かん楽園に」を合言葉に勇猛果敢に戦ったが、六万の兵に対するに六千の軍勢では衆寡敵せず壊滅的な敗北を被った。だが、彼らはこの「殉教の日」を忘れなかった。六六一年、調停の結果を不満としてムアーウィヤとの再度の決戦に備えていたアリーはこのハーリジー派の刺客によって斃れるのである。それと共に、ムアーウィヤはカリフたることを宣言し、ここにダマスカスを首都としてウマイヤ朝が始まる。このことは、ハーリジー派の攻撃の対象がいまやウマイヤ朝体制に向けられたことを意味する。

六六一年より六八〇年までのムアーウィヤの在位中は、彼の優れた政治力によってハーリジー派の活動はかなり抑えられていたが、その子ヤズィード Yazid の時代（在位六八〇―八三年）になると、バスラを中心として烈しい反乱が起きた。特にアブー・ビラール Abū Bilāl の率いる反乱軍は、神出鬼没のゲリラ戦の形をとってたびたび政府軍を悩ませ、これがその後のハーリジー派の典型的な戦術となった。

しかし、ハーリジー派の運動が高まりをみせるのは、やはりヤズィードの死後である。それはちょうど六八〇年のカルバラー事件（後述）以後のシーア派の活動やヒジャーズ地方で独立政権を保持していたイブン・ズバイル Ibn al-Zubair の動きに呼応するかのようであった。まず、ケルマーン、ファールスといった今日のイラン西部やイラーク地方では、ナーフィウ・イズン・アズラク

Nāfi' b. al-Azraq の率いるアズラキー一派が一時支配権を掌握した。クーファでは、六九六—九七年にかけてシャビーブ・イブン・ヤズィード Shabīb b. Yazīd の指揮する武力闘争がその地方全域を恐怖に陥れた。またナジュダ・イブン・アーミル Najdah b. 'Āmir らの率いるナジュディー一派はヤマーマ、ハドラマウト、イエーメン、ターイフ等のアラビア半島中・南部地方を次々に制圧していった。

このようなハーリジー派の「反乱」も、七世紀末までには、ウマイヤ朝の有能な将軍ハッジャージュ al-Ḥajjāj b. Yūsuf によって大方鎮圧されるが、それで根絶されたわけではない。ウマイヤ朝末期になって体制が弱まってくると、ハーリジー派の動きが再び活潑となってくる。特にイラーク地方やアラビア半島では、この派の武力闘争が相次ぎ、これがまたウマイヤ朝の滅亡を一層早めることになるのである。

次のアッバース朝でもハーリジー派の「反乱」は散発的に続くが、もはや昔日の如く時代の趨勢に影響を与えるほどのものではなくなる。今日では、オマーン、アフリカ北部のトリポリ、東部のザンジバルなどにイバード派 Ibāḍiyah として少数が残存する程度である。

ハーリジー派の運動は結局は失敗した。それにはさまざまな本質的歴史的理由が考えられるが、まず彼らの狂信性と非寛容の態度がある。これが彼らの内部抗争を生んだ。それに加えて、その主張のラディカルなことが大衆からの孤立化を生み、その結果、大衆の支持のないゲリラ戦や個人的テロ以外の方法をとりえなかったこと、などがあげられる。そしてこれらは究極的には、彼らの信仰理解や思想構造に由来するのである。

ハーリジー派の思想

一口にハーリジー派といっても、その中には多くの小分派がある。ここではその中の主な二派について述べる。まず、イブン・アズラク Ibn al-Azraq（六八六年没）をリーダーとするアズラキー Azraqī（アザーリカ Azāriqah）派についてみよう。この派は最も過激なグループであった。

すでに述べたように、「聖なる共同体」としてのウンマには二つの崇高な使命があった。一つは共同体内に正義をより一層実現していくこと、他はその共同体をより一層地上に拡大し発展させることである。その成員が一致してその使命を遂行する限り、神の加護と祝福によってそれは地上の福祉と来世における救いに与ることができる。そのためには、共同体内の不正を不正と認め、それを坐視することなく矯すために行動しなければならない。さもなければ、共同体は自らその使命を放棄し、来世において神の永劫の罰を受けることになる。ハーリジー派はこの宗教的信念をそのまま直ちに実行しようとしたのである。

ハーリジー派にとって、ウスマーンの行為は「信徒の長」にあるまじき不正であった。そのような不正を放置しておくことは、共同体全体が道を踏み誤るのを黙認することになる。したがって彼が殺害されたことは悪を除去するための当然の処置であり、彼の復讐をとげようとするムアーウィヤも、またムアーウィヤが樹立したウマイヤ朝政権も不正によるものである。

アズラキー派によれば、「信仰者」はすべてそのように考えるものであり、またそう考える者（彼らの思想に共鳴する者）は当然不正を矯すために行動する（彼らの運動に参加する、つまり彼らのグループに「ヒジュラ」する）ものである。いい換えれば、悪を坐視して行動しないこと（カァダ qaʻdah）は「不信仰」（クフル kufr）であり、一たび信仰告白をしてなおそのような態度をとる者は「背教者」（ムルタッド murtadd）であり、そのような人にはいま一度帰教を勧め、なお肯じない場合には公然と信仰を棄てた者として殺害されなければならないとした。こうして彼らは誰かれの区別なく質問を発してその主張を実行してゆき、一般ムスリムを恐怖に陥れたのである。

いま一つのグループは、アラビア半島で一時支配権を確立したより穏健なナジュディー派である。彼らの思想的特徴は、「カァダ」の立場をとる者は「偽善者」（ムナーフィク munāfiq）ではあっても「不信仰者」（カーフィル kāfir）ではなく、したがって背教者として殺害の対象にはならないとしたことである。いま一つの特徴は、「タキーヤ」Taqīyah の原則を認めて生命の危険がある場合には、自己の（ハーリジー的）信条を偽って表明してもよいとしたことである。

もちろん、ナジュディー派にとってこれらの二点はもともときわめて例外的なやむをえざるぎりぎりの現実的妥協であり、あくまでも「現身を売って来世を手に入れる」ための直接行動が求められたことはいうまでもない。しかし、彼らは事実上彼らに公然と敵対しない限り、非ハーリジー派との共存の可能性を認めたことは重要な点である。

ハーリジー思想の特質

ハーリジー思想の特徴として第一にあげられることは、強烈な終末意識と現世否定の思想である。彼らにとって、「すでに破滅的な圧政が姿を現わし、〔現世は〕数知れぬ性悪ペテン師どもの狎れ合いの場」となり、悪の巣窟と化してしまっているということである。

このような「圧政」や不正と戦って勝利を得ることはいまやほとんど不可能である。しかし、それを黙過することは自ら不正に組することを意味する。そこで、「死して神罰を受けることを怖れる」者にとってとるべき道は一つ。それは、結果がどうであれ、かなわぬまでも不正に対して一切の妥協を拒否して雄々しく戦を挑み、審判のための身の証しを立てることである。そもそも現世は「一片の夏雲のよう」なもので安住すべき所ではないのである。もはやハーリジー派にとって、その理想をいかに具体化していくかという方法論は問題ではなかった。ただ理想（信仰）に殉じたということ、神に申し開きのたつように死ぬことであった。

第二は、行為の重視からくる倫理的リゴリズムである。ハーリジー派にとって、信仰とはすなわち行為のことであり、大罪を犯せば信仰は消滅する。換言すれば、信仰がないから大罪を犯すのである。こうして「不信仰者」は来世においては地獄で罰を受けるだけではなく、現世においても相応の罰を受けなければならないのである。

第三の特徴は、平等主義である。それは、神の法（コーラン）が唯一絶対の権威であり、すべてはそれによって裁かれるということである。これは彼らの徹底した倫理主義の帰結でもある。したがって、正しい人間であれば、「たとえ黒人奴隷であっても」共同体の指導者（カリフ）になりうるし、また大罪を犯せば誰でもその資格を失うのである。もっとも、彼らにとってカリフ制度は集団の秩序を維持するための便宜的なものにすぎなかったが。

以上、三つの特徴を述べたが、これらは基本的には多数派にもいえることである。ただハーリジー派が多数派と異なる点は、前者が啓示に対する自己の主観的解釈を絶対的なものと考え、それを直ちに実行しようとしたことにある。

確かに共同体の中には多くの不正や悪が存在するし、それを改めるよう各人は努力しなければならない。だが、それが直ちにハーリジー派の行動に結びつくのだろうか。まず、具体的に何が悪であり大罪であるかを誰がどのように決定するのか。大罪を犯せば信仰は消滅するとするが、当人がたとえ信仰を告白していてもそうなのか。懺悔をしても神の赦しはえられないものなのか。そもそも人間は罪を犯さないでいられるのだろうか。信仰とは何か。信仰と行為の関係は何か、といった複雑な問題が絡んでくる。

だが、彼らはあまりにも直截であり理想主義的であった。彼らはその理想とする共同体を地上にそのまま実現しなければならないと考えた。つまり、現実のウンマを完全に理想的なものにすることができると信じ、またそうしようとしたのである。そして失敗し、玉砕したのである。

要するに、彼らはウンマがもつ「目に見えない」側面を強調しすぎるあまり、それが現実にはけっしてそのままでは実現されえないということ、つまりウンマのもつもう一つの「目に見える」面を見落したのである。しかし、彼らはその行動によって共同体内にさまざまな問題を提起することになった。なぜなら、多数派はハーリジー派の運動をただ力によって抑圧するだけではなく、彼らが異端であり、自分たちが正統であることを言葉で示さなければならなかったからである。

2　シーア派

シーア諸派

シーア Shīʻah 派は、イスラム共同体内の少数派ではあるが、スンニー Sunnī 派に次ぐ有力な一派として今日まで続いている。この派にも多数の分派がある。まず、今日イランの国教としてシーア派内の多数派を構成している一二イマーム派 Ithnā-ʻasharīyahがある。次に、イエーメンで支配的な地位にあって、思想的にはスンニー派に最も近いザイド派Zaidīyah、さらにインドなどで少数グループとして存続しているイスマーイール派 Ismāʻīlīyah（七イマーム派）やレバノンのドゥルーズ Durūz 派のような「極端派」（グラート Ghulāt）などがある。ここでは一二イマーム派を中心に、シーア派初期の運動について述べることにする。

「シーア」とは

「シーア」 Shī'ah とは「党、派」を意味する言葉であり、元来は「シーア・アリー」 Shī'ah 'Alī（アリー派）として用いられていた。つまり、アリーを使徒ムハンマドの後継者、ウンマの指導者と認め、彼に忠誠を表明した人々のことである。当然ながら、彼と対立して政権を争ったムアーウィヤ一派は「シーア・ムアーウィヤ」 Shī'ah Mu'āwiyah と呼ばれたが、アリーの死によってムアーウィヤが政権を掌握してウンマの長（カリフ）となり、もはや一シーアの長ではなくなって、「シーア・アリー」だけが残った。そこから「シーア・アリー」のアリーが脱落して、専らこのグループが「シーア」と呼ばれるようになったのである。このことは、シーア派の反体制的、少数派的、被抑圧者的宗教としての性格を端的に示すものといえよう。

要するに、シーア派とは、アリーとその後裔、つまり「預言者ムハンマド家の人々」 Ahl al-Bait こそ預言者の正当な後継者であり、ウンマの指導者であると信じて彼らに忠誠を誓う人々のことである。シーア派が多くのグループに分裂したのは、数あるアリーの後裔のうち誰をイマーム Imām（スンニー派でいうカリフ Khalīfah のこと）とするかという系統論と、イマームの本質論の違いによるものである。

運動の発端

この運動の中心人物はアブー・ターリブの子アリー 'Alī である。このアブー・ターリブはムハンマドの叔父であり、孤児のムハンマドを引き取って養育し、また族長として彼の宣教活動を間接ながら助けた人である。このようにアリーとムハンマドはかなりの年齢差はあったにしても、生活を共にしたいとこ同士の間柄であった。しかも、アリーはハディージャに次いで最初に入信したムスリムであり、また使徒の娘ファーティマ Faṭimah の婿として、使徒に最も近い人であった（ちなみに、ムハンマドには男児はあったが、いずれも夭逝している）。

使徒とのこのような特殊な関係によるのか、あるいは彼の個人的資質や性格によるのか、または悲運の英雄としてなのか、それともこれらすべてによるのか、いずれにしてもアリーが首都としたクーファを中心に、彼個人に対して異常なまでの傾倒ぶりを示す人々がいたことは確かである。このような人々にとって、ムハンマドの後継者として「聖なる共同体」ウンマを誤りなく指導していくという（宗教的に）きわめて重要な地位は、どのような思惑からであれ、人間が選び出した者であれば誰にでも開かれているというものではなかった。人間が選ぶということは、誤った選択をすることもありうるということだからである。そこに大きな不安があった。もし誤った選択をしたということになれば、ウンマ全体が誤謬と混乱に陥ることになる。そして事実、シーア派によれば、共同体は間違った指導者を選んでしまい、しかも多数派はその誤りを認めようとしないのである。

（以上のように解釈することができるとすれば、ウンマの指導者として誰を選ぶかという一見きわめて政治的な問題がきわめて大きな宗教的な意味をもってくることがわかる。したがって、シーア派は元来政治運動として出発し、政治的に挫折することによって宗教運動に転化したとする「通説」は一面的な見方といわざるをえない。とはいえ、このことは政治的な意味が最初からシーア派運動になかったということではもちろんない。）

もっとも、シーア派がグループとして明確になってくるのは、スィッフィーンの戦でハーリジー派が離脱して以後のことである。この戦で「アリーが友とする者を友とし、彼が敵とする者を敵とする」ことを誓い、最後までアリーを積極的に支持した人々がその後のシーア派運動の母体となっていくのである。それ以前の段階では、アリーを支持する者の中には、彼個人を絶対的に支持する者もあれば、ウンマの正当な指導者としていわば条件つきで支持する者（ハーリジー派）もあったからである（この時、アブドゥッラー・イブン・ウマル ʿAbd Allāh b. ʿUmar を初めとする多数派を代表する長老たちは中立の立場をとっていた。このグループがのちにウマイヤ体制と合体していわゆる「スンニー派」を形成していくのである）。

アリーの死後、アリー派はその長子ハサン al-Ḥasan に希望をつないだ。しかし、彼にはカリフを称してムアーウィヤと対抗する気はなかった。そこでアリー派の人々は弟のフサイン al-Ḥusain に期待をかけたのである。

カルバラー事件

六八〇年にムアーウィヤが死に、その子ヤズィードがカリフに就任した。クーファのアリー派はこの機会を逃さず、「不正な」ウマイヤ朝政府の打倒を目指して共に立ち上がるようにフサインを説得した。フサインはこれに応えてヤズィードへの忠誠を拒み、密かにメッカからクーファに向う。ところが、この動きを察知した政府は大軍をさし向け、クーファに近いカルバラー Karbalā' の荒野にフサイン一行を包囲した。僅かばかりの手兵の奮戦も空しく、婦女子を除いて全滅し、フサインも殺された。イスラム暦六一年ムハッラム月一〇日（西暦六八〇年一〇月一〇日）のことである。

預言者が生前愛した孫の一人が故意に殺されたのである。シーア派ならずとも、それは信じ難い重大事件であった。シーア派には、それはその後永く続く圧政の下での苦難の歴史の幕開けであった。今日でも毎年ムハッラム月一〇日には、不正に対して死を顧みず立ち向って殉教したフサインを記念して、その受難劇が繰り返される。人々はわが身を笞打って傷つけ、フサインの苦難をしのんで不正への怒りを新たにするのである。

このカルバラーの惨劇がシーア派に与えた衝撃は計り知れない。特にクーファのシーア派は、自らフサインを招きながら、すぐ側までやってきた彼を殺戮者の手に放置したことに対する劇しい罪責と後悔の念にさいなまれ始めた。罪の償いをするために、彼らは死をもってフサインの復讐を果すことを誓い合った。こうしてシーア意識は一層高められ、シーア派の団結は強化されていった。この意味で、「シーア派はムハッラム月一〇日に生まれた」というのはあながち誇張ではない。しかし、この事件に対するシーア派の反応は、ウマイヤ朝政権下のきびしい状況の中ですぐには表面に現われなかった。「タウワーブーン」Tawwābūn（懺悔者たち）と呼ばれる約四千の人がクーファで決起したのは、事件からようやく四年たってからである。

ムフタールの反乱　六八四年のタゥワーブーンの「反乱」は結局失敗に終った。それに続いて起ったのがムフタール al-Mukhtār の「反乱」である。ムフタールはシーア派の残党に檄をとばし、「神の書（コーラン）、預言者のスンナ、〔預言者〕一族のための復讐、弱者の保護、不正者へのジハード」を訴え、武力蜂起した。間もなくクーファを制圧し、さらにイラークの他の主要地域やペルシアの一部をも支配下に治めた。しかし、六八七年、ヒジャーズ地方を足場にウマイヤ朝政府と対立していたイブン・ズバイルと戦って破れ去った。

このムフタールの反乱は二つの点で重要である。一つは、それまでのシーア派運動における主役が、アリーとファーティマの子であったのに対して、この反乱では、アリーと別の妻ハウラ・ハナフィーヤ Khawlah al-Ḥanafīyah の間の子ムハンマド・イブン・ハナフィーヤ Muḥammad b. al-Ḥanafīyah であったことである。

次に、この反乱には多数のマワーリー Mawālī が参加して重要な役割を果したことである。イスラム共同体の中では本来、民族や人種の相違を越えてすべての市民はムスリムとして平等であるべきなのにもかかわらず、被征服地のペルシァ人やアラム人を中心とする非アラブ・ムスリムは当時のウマイヤ体制下では、「マワーリー」と呼ばれて社会的経済的差別を強いられていた。特にこれらマワーリーはアラブに比べてはるかに高い文化的伝統をもっていただけに、体制への不満は大き

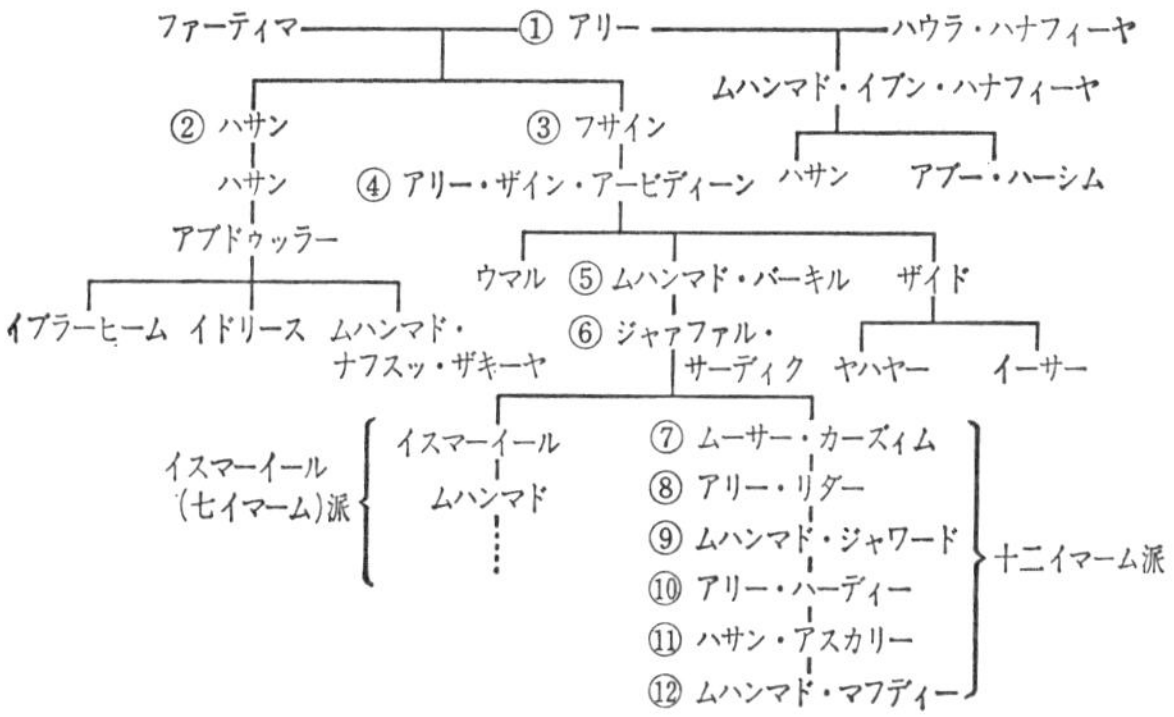

アリー家の系図

かった。ムフタール はこの マワーリーにも目を向け、「弱者の保護」「不正に対するジハード」のスローガンの下に、彼らを運動にくり込んでいったのである。

このムフタールの反乱を契機に、シーア派の運動は非アラブ的要素と結合していく。そしてアッバース朝以後、これら非アラブ・ムスリムの上層階級がスンニー派体制側に吸収されていくと、シーア派運動は民族的性格を越えて被抑圧者の宗教としての性格を強めてくる。それと同時に、思想的にも非イスラム的要素が加わって新たな展開を示してくるのである。

メシア思想

ムフタールの反乱後約半世紀は政治的に目立ったシーア派の動きはなかったが、思想面では新たな展開を示していた。

ムハンマド・イブン・ハナフィーヤの死（七〇〇年）を契機として、ムフタール一派(カイサーン Kaisān 派)は二派に分裂する。すなわち、ムハンマドの死を認める者は、イマーム位はその子アブー・ハーシム Abū Hāshim に移譲されたと主張した（ハーシム派）。これに対して、他の一派は、彼は死んだのではなく、一時身を隠しているだけであり、やがて姿を現わして世の不正を矯し、地上を正義で満たすと主張した。こうして、「イマームが身を隠し」（ガイバ ghaibah）、やがて「そのイマームが再臨し正義をもって地上を支配する」（ラジュア rajʿah）というシーア派の基本的思想が初めて表明されたのである。

ザイドの反乱

ウマイヤ朝末期になると、ハーリジー派の運動に呼応するかのように、カイサーン派に加えて、フサインの孫ムハンマド・バーキル Muḥammad al-Bāqir、ハサンの曾孫ムハンマド・ナフスッ・ザキーヤ Muḥammad al-Nafs al-Zakiyah などをイマームとして擁立する「反乱」が相次いだ。だが、これらの運動を直接指導したのはいずれもイマーム自身ではなく、彼らの「使徒」と称する者であった。これに対して、ムハンマド・バーキルの弟ザイド Zaid は自ら「反乱」（七四〇年）を指揮して戦った最初のイマームである。

このザイドの反乱で注目すべきことは、これを契機に「正統」的シーアの立場がより一層明らかになってきたことである。すなわち、ザイドによれば、アリーが使徒ムハンマドの本来の後継イマームであることは当然であるが、それは指名 naṣṣ によるのではなく、アリーがウンマの指導者として最も優れた資質をもっていたからである。彼以前の三人のカリフはただそれを認識できなかったにすぎず、彼のイマーム位を簒奪したのではないとして、彼らを「劣ったイマーム」 al-Imām al-Mafḍūl としてではあるが合法的なイマームとしたのである。さらにザイドは、シーア派一般に認められていた「隠れイマームの再臨」思想を否定していた。

アリーのイマーム位は預言者の直接的指名によるものであり、彼以前の三人のカリフはそれを簒奪したとして、その合法性を否定するシーア多数派にとって、スンニー寄りの微温的なザイドの立場には不満であった。そこで彼らはザイドを「見捨てて」rafaḍa（そこから彼らは「見捨てる者」rāfiḍī とも呼ばれた）、イマーム位はすでに死んでいる兄のムハンマド・バーキル（七三一年没）を通してその子ジャァファル・サーディク Jaʻfar al-Ṣādiq に移譲されたとして、この人を擁立したのである。彼らは、最初の三人のカリフを認めず、「簒奪者」として非難するので、「サッバーブーン」Sabbābūn（非難者たち）とも呼ばれた。

だが、シーアの多数派がその立場をこのように鮮明にするに至って、スンニー多数派との対立はもはや決定的なものとなった。なぜなら、最初の三人のカリフの正当性を否認することは、スンニー派にとって、ウンマ全体が誤った選択をしたということ、したがっていまの共同体は使徒の伝統に基礎をもたないものだということを認めることになる。これはスンニー体系の基盤そのものを否定するものであり絶対に譲れない一線だからである。

イマーム派の確立

ウマイヤ朝時代では、イマームの系統についてまだのちの展開を明確に予想させるものは何もなかった。ウマイヤ家を倒して預言者の叔父アッバース

al-ʻAbbās 一族が政権を奪取しようとするアッバース家運動がシーア派の運動を巧妙に利用しえたのはそのためである。

しかし、アッバース家が政権の座につき、もはやシーア派の支援を必要としなくなり、スンニー的立場を鮮明にするに従って、シーア派の反体制運動は再び活潑化する。ただフサインの系統のイマームは、依然として政治的動きにはきわめて慎重であった。もっとも、ムハンマド・バーキルはさまざまな派によってイマームとして擁立されてはいたが、多くの場合、それは彼の死後のことであった。かりに生前のことであったにしても、彼自身は政治に直接関わりをもつことはなかったのである。

このムハンマドの子で、アリーより数えて六代目のイマーム、ジャァファル・サーディク（七六五年没）の時に、その後継イマームをめぐってシーア派はさらに分裂する。その直接的契機となったのがジャァファルによるその長子イスマーイール Ismāʻīl の指名「撤回」であるが、その原因が伝えられるようなイスマーイールの飲酒癖ではなく、彼とシーア過激分子との結びつきにあったとすれば、アッバース朝成立直後の微妙な政治情勢がジャァファルにそのような行動をとらせたとみることができよう。

いずれにしても、シーア派内の少数過激派グループはジャァファル→イスマーイールの系統を正当なイマームとして、そこに結集していくことになる（イスマーイール派、カルマト Qarmaṭ 派など）。他方、シーア多数派は、イマーム位はジャァファルから次子ムーサー・カーズィム Mūsā al-Kāẓim へと移譲されたとした。これが（一二）イマーム派の系列である。

この派によれば、その後イマームはアリー・リダー ʻAlī al-Riḍā、ムハンマド・ジャワード Muḥammad al-Jawād、アリー・ハーディー ʻAlī al-Hādī、ハサン・アスカリー al-Ḥasan al-ʻAskarī をへて一二代目のムハンマド・マフディー Muḥammad al-Mahdī へと続く。その間、多くのイマームは獄中生活を余儀なくされるが、八七四年、ムハンマド・マフディーが突如姿を消すのである。しかし、彼はやがて「マフディー」（メシア）として再臨し、世直しをすると期待される。このような一二イマーム派の立場が確立したのは、一〇世紀前半であるといわれる。その頃、政権をとってバグダードを首都としたのはシーア派ブワイフ Buwaih 朝（九三二―一〇五六年）であるが、この下で一二イマーム派は初めて公然と活動することができるようになり、この派の教義や儀礼の体系化が進められたのである。

その後永い中断ののち、一六世紀の初頭、イランにサファヴィー Ṣafawī 朝が成立してこの派が公認される。このようにして一二イマーム派は、イラン民族との結びつきを強めながら代々の王朝に引き継がれ、今日のパフラヴィー Pahlawī 王朝の国教となって続くのである。

イマーム論

これまでの記述から、シーア派においてイマームが決定的に重要な役割を果していることがわかる。そこで次に、のちのより完成された形ではあるが、シーア派のイマーム思想について述べよう。

イマームとは預言者の後継者である。人間は地上でさまざまな社会を構成して生きているが、社会の秩序を維持するためには、正義と法を神から人々に伝え、彼らを正しく導いて来世における救済に与れるようにしてやる人間が必要である。それが預言者である。預言者は不可謬である。大小にかかわらず、預言者が実際に罪を犯すことはない。でなければ、預言者の言葉に対する信頼は失われ、その使命はまっとうされないからである。預言者の不可謬性は、召命の前後を問わずその全生涯についていえることである。

預言者はその時代の人間の中で最も優れた人間でなければならない。「より劣った者」が「より優れた者」の上にくることは、理性的にも伝統に照らしてみてもありえないことだからである。また預言者は親から賤しい品性や欠陥を受け継ぐことはない。でなければ、不完全な人間であることになり、人々の信頼を得ることはできなくなる。要するに預言者は神の言葉を正しく伝え、人々の模範となるために、その血統・環境・性格においてすべて完全無欠な人間だということである。

人間の生活において「預言者が必要であれば、当然イマームが必要となる」。イマームとは、預言者なき後の後継者のことである。このようにイマームの制度は理性的にみて必然的なものであり、またそのようなものとして神から授けられた「恩恵」なのである。

イマームは各時代に一人おり、また一人でなければならない。イマームは各時代の人々の中で最も優れた人間でなければならないからである。彼はまた預言者と同様、聖法の護持者として不可謬である。

シーア派は、スンニー派が「法源」とするコーラン、スンナ、イジュマー(合意)、キヤース（類推）（いずれも後述）をいずれも不充分だとする。まずコーランとスンナはそれ自体絶対的なものではあるが、人間のすべての問題についての指針を含んでいるわけではない。イジュマーについてみると、第一に、それも人間のあらゆる問題に対して神の命令は何であるかを直ちに明らかにするものではない。第二に、誤りを犯しうる人間が何人合意しても、それが不可謬な結論を生むことにはならないからである。キヤースについてみても、それはあくまでも類推であって、そこから曖昧な要素を完全に除去することはできない。したがって、類推によってえられる結論も不可謬ではありえない。故に聖法を正しく解釈し適用していくためには、不可謬なイマームが不可欠である。

誰がそのような不可謬な人間であろうか。それを知りうるのは神であり、神により定められた不可謬な預言者とイマームだけである。したがって、イマームは預言者によって、また預言者なき後は先任のイマームによって指名（ナッス）されなければならない。イマームを自称する者を誰彼となく選ぶことになれば、共同体は収拾のつかない混乱に陥ることになる。アリーが預言者によってその後継者、最初のイマームに指名されたのは、彼が知・徳において完全な人間であり、倫理的に不可謬な人間であったからにほかならない。

このようなイマームの本質的性格は、シーア派のイマームに対する態度を理解する上できわめて重要なことである。つまり、彼らがアリーとその後裔をウンマの指導者と認めるのは、しばしばいわれるように単に彼らが「預言者の一族」であるというだけの理由ではなく、倫理的宗教的に最も優れた人格者であると考えたからだということである。

シーア思想の特質

このようなシーア派のイマーム論は、幾つかの点でスンニー派のカリフ論（詳しくは後述）と著しい対照をなす。まず、シーア派によれば、イマーム制は理性的に必然的であるが故に神が定めた制度である。スンニー派でもカリフ制が神意によるとみる点では同じであるが、その神意はウンマの成員が一致して選択したイジュマーの中に示されるとする点が異なる。

またシーア派では、イマームは現世的問題のみならず、聖法上の問題についても絶対的な権威をもつのに対して、スンニー派では、カリフは聖法の執行者として専ら現世的問題に関わり、聖法そのものについての問題には——少くともカリフとして——何の権威ももたない。したがって、カリフは不可謬である必要もないし、最も優れた人間である必要もない。そのような人間を現実に求めることは不可能だからである。そこで、共同体が合意して選び、聖法を守り、それを執行しようとする意図をもち、しかもクライシュ族出身の者であれば、合法的なカリフであるとしたのである。

聖法の問題についてみても、シーア派は不可謬なイマームがいない限り、あらゆる場合についての神の命令を正しく知ることは不可能であるとする。これに対してスンニー派は、「不可謬なイマーム」を認めないので、コーラン、スンナ、イジュマー、キヤースを唯一の法源とせざるをえない。そしてこれらの法源から不完全な人間が神の具体的な命令を引き出すのであるから、基本的な点はともかく、細部の点では聖法学者の解釈に違いが生じてくることは避けられない。スンニー派はこの現実をそのまま認める。問題は神の命令を尋ねる際の人間の主観的意図であり、これさえ正しければ、たとえその結論が誤っていてもそれは神の意にかなった行為だとするのである。

このようにスンニー派の態度がきわめて現実的であるのに対して、シーア派のそれは論理的・理性的であり、あまりにも理想主義的であるといえよう。そこにシーア派が合理主義神学を代表する「異端」のムゥタズィラ派や哲学の思想と結合していく素地があるといえよう。

シーア派からみれば、スンニー多数派は本来アリーのものであったイマーム位を簒奪した不義なる指導者に忠誠を誓い、カルバラーではフサイン一族を殺戮し、その後も多くの義人を殺したり苦しめたりして数々の不義を犯し、正道を逸脱してしまった人々である。このような体制の中にあって、「信仰者」としていかに生きればいいのか。これは真実に神への信仰に生きる者にとっては重大な問題である。たとえ汚れた世の中であっても、それから逃避し、それに目を閉ざすことは許されない。それは、不正と戦うというムスリム本来の使命を放棄することになるからである。そこである者は、この不正を実力によって矯そうとして敗退していった。そのような生き方は、客観的にはともかく主観的には、自己の信仰に殉じることではある。ハーリジー派的ないい方をすれば、彼らは「この現身を売って来世を手に入れた」のである。ここにわれわれは、思想的にはハーリジー派と対極にありながら、たとえ敗れても完璧を求めようとする心情において彼らと共通するシーア派の特徴をみることができる。

他方、純粋であるが故に失敗に終るような行動を果して神が真に望んでいるのだろうか、より現実的な方法がないものか、という疑問が出てくるのもまた自然であろう。そのような模索の中から出てきたのが、ハーリジー派にもみられたタキーヤ（信仰隠し）の思想であり、マフディーの思想である。この世の悪がますます広まってその極に達すると、マフディーが姿を現わし、悪を一掃して正義が地上を支配し、新しい生活が始まるとするのである。

このような考え方に立てば、この世の悪が深まり不正が広まっても、マフディーの到来に希望をつなぎ、苦難に耐えて生きることができる。スンニー派体制側にすれば、それだけ政治的危険性は少なくなるが、マフディーがいつどこに到来するか不明であるから、潜在的には常に大きな危険をかかえていることには変りはない。事実、マフディーを自称する者の反乱は数多く起っているのである。

マフディーの到来に世直しの希望をつなぐにしても、その間シーア派は自ら真の「信仰者」としての共同体を形成し、その独自性を内外に明示する必要が出てくる。そのためにスンニー派と同様の学者集団（ムジュタヒド　Mujtahid）が現われ、彼らがイマームに代って、コーランやスンナ、イマームの伝承などを基にして独自の儀礼や法を体系化していくことになるのである。

第五章　聖　法――シャリーア

1　シャリーアとは

シャリーアの意味

シャリーア Sharī'ah とは、個々のムスリムの「宗教的」生活のみならず、「現世的」生活をも具体的に規制する聖法（イスラム法）のことである。学派や学者によって多少の違いはあるが、その内容は、浄め、懺悔、礼拝、喜捨、断食、巡礼、葬儀などに関わる「儀礼的規範」（イバーダート 'Ibādāt）と、婚姻・離婚・親子関係、相続、奴隷と自由人、契約、売買、誓言・証言、ワクフ（寄進財産）、訴訟・裁判、非ムスリムの権利・義務、犯罪・刑罰、戦争などの公私両法にわたる「法的規範」（ムアーマラート Mu'āmalāt）とに大別される。このようにシャリーアは個人の全生活に関わる包括的な行為規範として集大成されたものである。と同時に、それは特殊な人間に限定されるのではなく、原則として共同体の成員すべてに等しく適用される規範である。この意味でシャリーアは、イスラム共同体において宗教的にも社会的にも本質的に重要な意義をもつものである。

「シャリーア」Sharī'ah の語は、元来「水場に至る道」を意味した。温暖な気候と水資源に恵まれたモンスーン地帯と異なり、沙漠の乾燥地帯では、それはまさに「生命に至る道」であり「救いに至る道」であった。コーランにみられる用法もこのような一般的な「道」としてである（45：18，5：48）。ただイスラムでは、それは人間の生活規範として神が定めた「道」であり、人間はそれに従って生きることによって神の意志を実現しなければならないものであり、そのようなものとして人間を永遠の救いに導く「道」なのである。

このようにシャリーアとは、まず神が人間に定めた「道」のことであり、人間はただそれに絶対的に服従するだけである。この「服従」が「ディーン」dīn である。この語は、今日では「宗教」の意味に用いられているが、元来は「帰依・服従」を意味する「イスラーム」islām と同義に用いられていたのである。その意味で「シャリーア」と「ディーン」は表裏一体の関係にあったといえる。

要するに、シャリーアとは「人間の正しい生き方」を具体的に表現したものにほかならない。ただイスラムの場合特徴的なことは、それは人間が理性によってではなく、神の啓示によってのみ知りうるものだということである。人間は神の意志の表現としてのシャリーアを理想の生き方とし、それに則って生きようとする限り、現世および来世における福祉と救済を期待することができる。

シャリーアがそのように人間と共にある限り、人間およびその共同体は神の加護と導きの下にあり、神との特殊な関係にある。その意味で、シャリーアはまさに神と人間を結ぶ絆である。

シャリーアと実定法

法の理念は正義である。実定法はこの正義を何程か具現しようとするものであり、そこに実定法の正当性の根拠がある（「法内在的正義」）。ところが、社会状勢の変化によって、この実定法を根拠づけ、それが具現している正義の理念そのものが別のより高次の正義の理念（「法超越的正義」）によって批判されてくる。やがてこの新たな正義の理念に基づく別の実定法が創設される。こうして法超越的正義が法内在的正義へと転化していくのである。いい換えれば、それは社会規範あるいは道徳が強制効果を附与されて強制規範へと変わるプロセスでもある。こうして実定法が定立されるのである。

これに対して、シャリーアの理念は神の意志・命令にある。イスラムでは、まず正義の一般的理念があって、この理念に基づいて最も合理的な形でシャリーアが創設されるというものではない。まず初めに神の言葉がある。それは人間の理性的判断を超越した不変なる神の命令である。神がある行為を命令するのはそれが正しいからではなくて、神が命じるからその行為が正しいとされるのである。したがって、神の命令を受け入れるか否かは理性的判断の問題ではなくて、信仰による決断の問題なのである（ちなみに、シャリーアが適用されるのは、原則としてムスリムだけである）。

イスラムでは、神の意志は遍く支配するので、それ以外に本来人間の行為規範の根拠となりうるものは何もないと考えられる。したがって、厳密にいえば神以外に独立の法の定立者は存在しないのである。人間ができることは、与えられた神の言葉を基に「類推」（キヤース Qiyās）によって演繹し、それを具体的事例に適用できるように解釈していくことだけである。それをするのが「法学者」（ムフティー Muftī）や「裁判官」（カーディー Qāḍī）であり、それを執行するのが行政府である。そこには、法を創設する機関としての立法府の存在する余地は、原則的にはないのである。

シャリーアはこのように神の言葉から演繹されたものとして、神の意志を具現する。そこにシャリーアの正当性と絶対性の根拠がある。人間はシャリーアを変えることはできない。ただ社会状勢の変化に応じて人間の解釈を変えることができるだけである。

シャリーアと道徳

実定法は、社会の秩序維持のために最小限必要なものとして強制力を附与された規範である。「最小限の道徳」（G・イェリネック）としてではあれ、実定法は道徳と不可分の関係にあるが、実定法の本質が強制にあるとすれば、その強制は当然外的形式に求められる。そこから「内面的なもの」・良心の規律としての道徳と対比して、しばしば実定法の外面性・形式性が強調される。

実定法の外面性、道徳の内面性とはいえ、もちろん法において内面性が、道徳において外面性がまったく問題にされないということではない。ただ各々の「関心の方向」が異なるのである。すなわち、実定法において内面性が問題にされる場合、そこでの関心はそれから予想される将来の外的行為にある。同様に、道徳においても外的行為が問題にされる場合、それを通じて示される内的心情に関心が向けられているのである。

このように実定法において内面性がまったく無視されるわけではないにしても、そこで特徴的なことは形式的な遵守であり、その限りでは行為者の動機にまで立入って問題にすることはない（もしあったにしても、それは道徳的にであって、法的にではない）。ところが、シャリーアにおいて本来、最も重要な点は、まさにこの行為者の動機や主観的意図である。いかに形式的にシャリーアを遵守しても、その意図が正しくなければ、その行為はたとえ人間社会（「目に見える」共同体）において有効とされても、神の目からすれば無効である。なぜならば、神の絶対的意志の具体的表現である（と人間が理解した）シャリーアは、同時にまた神と人間との内的人格的交わり、人間の神への帰依（信仰）の外的表現にほかならず、したがってシャリーアの遵守は神の命令への服従として無条件的かつ全人格的なものでなければならないからである。

人間が自由に改変することができる実定法と異なり、シャリーアは神が定めたものとして絶対的なものであり、人間がそれを変えることは許されない。それは、人間の根本的な拠所を表明したものだからである。人間は自己の良心の命じるところに従ってあえて法を犯したり、それを非合法的にでも改廃しようとする場合があるが、シャリーアの命令はまさにそのような良心の命令(神の声)なのであり、特定の法に従うべきか否かを決定する最終的な価値基準に相当するものである。

事実性の問題

　実定法は通常の人間が通常の状態で実行可能なものでなければならない。現実に守られない法は、法としての意味がない。それ以外の問題はすべて個人の私的判断（良心・良識）に委ねられる。これに対して、シャリーアはきわめて包括的である。それは、直接的であれ間接的であれ、神の意志にかなう生き方こそ最も確実な生き方だという考え方に基づくものである。

　とはいえ、実際にはシャリーアの規制を直接的に受けない領域は多い。しかし、それは、この領域がシャリーアと絶対的に無関係だからではなく、シャリーアによる直接的規制の対象にはならないと（イスラム）法的に判断された結果そうなのである。

　このようなシャリーアの性格をよく示すのが法解釈上の「五範疇」al-Aḥkām al-Khamsah である。すなわち、(1)ワージブ wājib。義務であり、怠れば処罰される行為。(2)マンドゥーブ mandūb またはムスタハッブ mustaḥabb。義務ではないが、その実行が望ましい行為。(3)ムバーフ mubāḥ。行なっても行なわなくてもよい行為。(4)マクルーフ makrūh。行なわない方が望ましいが、行なっても処罰される程のものではない行為。(5)ハラーム ḥarām。禁止された行為で、行なえば処罰されるもの。

　これら五つの範疇のうち、(1)と(5)、(2)と(4)は各々(＋)と(－)で対応する。(3)は法的にはどうでもよい行為の範疇をさす。ところで、通常の実定法において規定されるのは「義務」か「禁止」であり、それに違反する者には相応の罰則が規定されている。これは「五範疇」ではまさに(1)と(5)に相当するものである。ところがシャリーアには、実際には強制されない道徳規範である(2)と(4)、さらに実定法的には意味のない(3)が含まれている。これは実定法では考えられないことである。

それは、シャリーアがコーランを初めとしてスンナ、イジュマー、キヤースという四つの法源から論理的に、一応事実性とは無関係に体系化された行為規範だからである。したがって、シャリーアでは事実性がまったく無視されることはないにしても、そこで重視されるのは神の直接的意志との連続性（妥当性）である。

いい換えれば、シャリーアは信仰者であるならば当然行なうべき行為規範、ムスリムがなすべき理想を述べた道徳的義務論であって、実定法のように違反を想定し、その場合のために予め現実的かつ具体的な罰則を定めておくというようなものではない。したがって現世的処罰によって強制しなくても、来世における神罰の警告で充分であるという前提に立っている。その意味でシャリーアは、「殺すなかれ」「盗むなかれ」という道徳的規範と同様、常に人間やその共同体の現実を裁き批判する超越的規範、あるいは努力目標として意味があるのである。

実定法としてのシャリーア

シャリーアはこのように本来的に実定法とは異なる。実定法が最小限の道徳であるとすれば、シャリーアは最大限の道徳、あるいは道徳以上のものである。しかし、シャリーアは人間の精神的内面的行為に関わるだけではなく、人間間の現実的具体的――つまり法的――関係にも関わり、それを規制する規範でもある。この点が、一般的原則を抽象的に述べるだけの自然法とシャリーアが異なる主要な点である。

イスラム共同体において正義が一つであるように、法も一つである。ということは、現実の社会秩序を維持するのもシャリーアであり、原理的にはシャリーアだけだということである。そうなれば、少くともその一部はただ個人の良心・信仰による自発的遵守に期待するだけではなく、政治権力によって強制されなければならなくなる。こうしてシャリーアは、たとえその一部であれ権力によって強制される以上、それは現実には実定法として機能するのである。しかもシャリーアを強制するのは人間であり、人間は他人の内面を窺い知りえないし、また心を強制することはできないので、行為の外的形式的側面で判断せざるをえない。そこから、法として現実に問題とされるのはシャリーアの形式的遵守であり、行為の内的側面は神の審判に委ねられる。だが、人間の目からよしとされることと神の目からみてよしとされることとは必ずしも一致しないのに、往々にして両者が混同され、形式的適法性のみが重視される。ここにシャリーアが常に形式化（律法主義化）していく危険が潜んでいるのである。

シャリーアと歴史

シャリーアは不変の神法として絶対的服従を要求する。それだけにややもすれば、時代の変化に即応できないものとして固定的にみられがちであった。しかし、それは歴史的にみても、また理論的にみても誤りである。

預言者ムハンマドの死によってムスリムは神からの直接的啓示を断たれ、神の言葉に対する至上の解釈者を失った。確かにムスリムの手には神の言葉を集録した聖典コーランが残された。ところが、コーランの規定を日常生活の中に具体的に適用するとなると、その規定はあまりにも一般的であったり、あるいは具体的すぎて一般性を欠き、そのままでの適用はきわめて困難であった。そこでまず、当面の実際的問題に対する神の意志・命令は何であるか、またそれを神の言葉からいかに探り出すかに関心が向けられた。これが、ムスリムの最初に直面した宗教的実際的課題であった。

やがてそのような「法」的な問題に専門的関心を示す者が現われ、火急の解決を要する現実の問題のみならず、将来起りうるあらゆる問題を想定し、その場合の神の命令は何であるかを探索し始めたのである。神の言葉に対するこのような創造的解釈——「学的努力」(イジュティハード Ijtihād)——によって、シャリーアの基本形態が成立していったのである。

それと同時に、解釈の方法論も確立する。すなわち、コーランを基礎にし、ハディースに見出される預言者のスンナに依りつつ、それらからのキヤース(類推)によって、与えられた具体的事例に適用されるべき神の意志を論理的に引き出す作業である。もちろん、個々の学者の「学的努力」の結果が直ちに神の意志とみなされるのではない。共同体(教会)の中で一般的に受け入れられて初めて絶対的な神意とされるのである。これがイジュマー(合意)である。こうして、コーラン Qurʾān、スンナ Sunnah、イジュマー Ijmāʿ、キヤース Qiyās の四つが「法源」Uṣūl al-Fiqh として確立するのである。

このような人間の創造的解釈によって見出された神の意志は、たとえ人間が解釈したものであっても、神の意志であることには変りはないし、それに従うことはまさに神そのものに従うことであり、したがってその服従は神への服従として直接的絶対的でなければならない。このような神の意志の具体的表現としてシャリーアは、人間が合理性、経済性、近代性、個人的利害といった神の権威によらないさまざまな便宜的理由によって自由に改変することを許さない超越的規範である。シャリーアは神の意志として、まさに人間の判断の究極的基準だからである。

他方、現実のシャリーアは特定の人間の創造的解釈の産物であるという意味で、可変的であり歴史的である。有限なる人間が解釈するのであるから、出てくる結論も一定の歴史的制約の下にあることは避けられない。現にスンニー派では、四つの法学派が今日「正統」と認められている。このことは人間による解釈の多様性を認めていることを意味する。また現代、多くのムスリム諸国においてシャリーアは大きな変容の過程にあり、その新しいあり方も国により大きな違いをみせている。

このようにシャリーアの理念そのものは絶対不変であっても、その現実態は変わりうるものであるし、時には多大の苦しみを伴っても変えなければならなくなるのである。それは厳密にいえば、神の命令そのものを変えることではなく、神の命令に対する、現実に適合しなくなった人間の古い解釈を変えることである。なぜなら、人間が究極的に依りうるものは、具体的なシャリーアの現実態ではなく、神そのものだからである。

人間がシャリーアに則って生きるということは、神との生きた対話の中でシャリーアの現実態をも変革してゆくような人格的な関係にあることを指すのであって、非人格的な法としてのシャリーアの形式的遵守を意味するものではない。シャリーアを生活に真に生かすには、それに対するダイナミックで創造的なアプローチを要するのである。

2 シャリーアの歴史

初期の法解釈

預言者ムハンマドの死は、単に共同体がカリスマ的指導者を失ったというだけではない。いまや神からの直接的啓示が閉ざされ、また啓示に対する最高の解釈者をも失ったということを意味する。しかも間もなく開始された大征服はウンマの急速な拡大をもたらした。それは同時に、多くの火急の解決を要する新しい問題をムスリムに背負わすことになるのである。

ムスリムたちがまず拠所としたのは、いうまでもなくコーランである。ところがコーランは法典ではない。そこに述べられているのは、人間の宗教的道徳的義務である。もちろん法的な規定がないわけではないが、それはあくまでも例外的なものにすぎない。したがって、かりに当面の問題に対して該当する箇所があったにしても、大抵の場合それはあまりにも一般的な規定で、そのままでは役に立たない。またコーランには、相矛盾するような箇所も少なくない。これをどのように解釈すべきか。（のちの法学者たちは、この問題に関しては、年代的に先の啓示はのちの啓示によって「廃棄された」mansūkh と解釈した。）さらにまた、コーランに何の直接的指示も見出せない場合はどうすればよいのか。

そこで次に依拠したのが、預言者ムハンマドの解釈であり前例である。もっともこの場合、「預言者のスンナ（範例）」Sunnah al-Nabī といっても、それはのちの古典理論におけるように、ハディース Ḥadīth に示されたスンナを意味するものと一義的に定まっていたわけではない。そもそも、ムハンマドの身近に生活していた教友たちは親しく彼の言動を見聞しており、「預言者のスンナ」の多くは彼らを通してすでに共同体の慣行（伝統）として伝えられていた。この慣行の中には、例えば、アラブの部族的慣習で、ムハンマドがあえて否定はしなかったもの——したがって、間接的ながら承認したもの——までも含まれていた。

だが、このような「スンナ」sunnah にも限界がある。そこで用いられたのが「個人の意見」（ラァユ ra'y）である。これも最初期においては、古典理論におけるように「ラァユ＝キヤース」と一義的に定まっていたわけではない。それは「個人の良識」といった程度の漠然としたものであった。

この中には、一定の法的推論によってえられた結論に対して、公共の福祉その他への配慮によって別の判断を下すという手続きから、コーランや「スンナ」に明らさまに反しないかぎり、各地方の既存の慣行をそのまま、あるいは必要な変更を加えて採用するということまで含まれていた。このようなプロセスを経てアラブの慣習法、ローマ法、ペルシァの諸制度が一応イスラム的に承認され、イスラム化されて取り入れられたのである。

アラビア半島から出てきたばかりのアラブ・ムスリムたちは、急激な変化によって生み出された多くの問題を処理するにあたって、ほとんどゼロから出発しなければならなかった。したがって、政府・民間レヴェルを問わず、問題の処理にあたってはほとんど選択の余地なく既存の地方的慣行によらざるをえなかったのである。

特に私法的な問題の処理にあたったのは、各地の軍司令官(アミール Amīr)の任命するカーディーか、さもなければアミール自身であった。もちろんこの時代にカーディーについての明確な職務規定があるわけはなく、その機能や資格などはきわめて曖昧であった。彼らは政府の役人であったり、「説教者」qāṣṣ であったりで、必ずしも専従者がいたわけではない。

彼らはその裁決においてかなりの自由が与えられていた。そもそも、彼らがコーランや「スンナ」をどの程度用いるか、「個人の意見」をどれほど重視するかは、彼らがどの程度コーランや「スンナ」についての知識をもち、それらをいかに解釈するかにかかっていたからである。ウマイヤ朝において、公法の面でかなりの均一性がみられるのに対し、私法の面では地方ごとに大きな差異がみられたのはそのためである。

ウマイヤ朝政府自体は、このような聖法上の細かい問題、共同体のイスラム化の問題、その前提としての「イスラム」概念の明確化の問題などにはあまり関心を示さなかった。というよりも、政府は共同体をいかに拡大し、それをいかに生存可能にしていくかという現実問題の処理に忙殺されていた、という方がより適切であろう。

「前法学派」

いずれにしても、民間の学者の中に、法的な問題に特別の関心をもつ者のグループが徐々に形成され、カーディーなどもやがてこのような人々の中から任命されるようになっていった。彼らはその「学的努力」によって、法の体系化を進めていったが、その過程で共同体の現実の法慣行に対する吟味も行なわれた。例えば、その頃兵士は軍票を支給され、それで穀物を購入していたが、穀物相場の変動によってこの軍票の価値が上下するところから、その制度はコーランにいう利子禁止の規定に反するのではないか、という具合に。

このような研究と議論の結果、各地域に一定の法的な「合意」ijmāʿ が生まれてきた。やがてこのような合意は学問的に体系化されて一つの地方的な学派を形成するにいたる。これが、正統四法学派（ハナフィー派、マーリキー派、シャーフィイー派、ハンバリー派）が成立する以前の「前法学派」（J・シャハト、N・J・クールソン）である。それは七二〇年頃のことといわれる。

彼らは、その地方に生まれ、そこで現実に生きている法慣行や合意事項を重視し、この「生きた伝統」の中にこそ教友の世代から次の世代へと代々伝えられてきた預言者の「スンナ」が暗黙のうちにではあるが伝えられていると考えていた。もちろん、このような「スンナ」のほかに、ハディースとして伝わる「スンナ」もあったが、「前法学派」では、口頭でのみ伝えられるハディースよりも、預言者の時代を共に生き、その言動について親しく見聞し、彼が何を命令し、何を禁止し、何を黙認したかについて最もよく知っているはずの教友たちから代々伝えられている現実の法的慣行の方が重視されたのである。彼らはハディースを無視したわけではないが、その真偽や解釈はあくまでも「生きた伝統」によってなされるべきだと考えていたのである。

こうして各地方の「前法学派」は特定の教友の権威に依って相互に自派の正当性を競って論争し、対立していた。例えば、イラーク学派はイブン・マスウード Ibn Masʿūd を、メディナ学派はカリフ、ウマル ʿUmar やその子アブドゥッラー ʿAbd Allāh b. ʿUmar を、メッカ学派はイブン・アッバース Ibn al-ʿAbbās をそれぞれの権威と仰いでいた。

ハディース学派

地方的な「生きた伝統」の中に預言者の「スンナ」を求める限り、ウンマ内の法の不統一はさけられない。本来、法は一つでなければならない。それがこのように多様であるのは異常である。そこに登場してきたのがハディース学派である。元来、このグループは法学とは一応無関係にハディース（使徒の伝承）そのものの研究を目的として出発したのである。彼らは、口頭で伝えられる伝承の中にこそ預言者の真の「スンナ」があると主張し、またスンナをハディースに限定することによって法の統一を実現できると考えていた。彼らはまた、法の不統一の一因は「前法学派」に一般的にみられる「個人の意見」の乱用による拡大解釈にあるとして、それを厳しく戒め、コーランと「スンナ」（ハディース）の厳格な解釈を主張した。その結果、彼らは自分たちの法解釈とあまりにも異なるウマイヤ朝体制にも批判を加えるようになり、のちに彼らはウマイヤ朝体制の転覆を目指すアッバース家運動に吸収されていくことになった。

この過渡期の法学の推移をよく示すのがマーリキー派の学祖マーリク・イブン・アナス Malik b. Anas（七九五年没）である。彼はメディナで活躍した人であるが、この町は「預言者の町」としてその遺風を色濃く残していた。マーリクは『アル＝ムワッタ』*al-Muwatta'* と題する法学書を著わした。この中で彼は、法解釈においてコーランに次いでまずメディナの慣行を優先させ、次にハディースに依拠している。もしハディースの内容がメディナの「イジュマー」ijmāʿ と矛盾する場合は、後者に従ってハディースを解釈している。そして、メディナの「イジュマー」もハディースも見出せない場合に初めて「個人の意見」を用いている。このように従属的にではあるが、ハディースが法解釈において用いられているのが見られる。

シャーフィイーの功績

政治権力の担い手がウマイヤ家からアッバース家へと交代して、国家の中心的関心が外征から国内統一と秩序維持へと移っていった。そこで当然ながら、多民族的共同体の統一原理として、ウマイヤ朝のアラブ主義に代って、イスラムが強調され、法体系の整備・統一が求められた。いまや聖法自体の統一化は時代的要請であった。このような時代に生き、その要請に応えるべく活躍したのが、シャーフィイー al-Shāfiʻī（七六七—八二〇年）である。

彼はメッカ、メディナ、イラーク、シリア各地で学び、晩年をエジプトで過した。こうして各地の主要な法学派についての見聞を広めた。そして、これら「個人の意見」尊重派 Ahl al-Raʼy——「前法学派」——相互の間の多様性、さらにはそれらとハディース学派 Ahl al-Ḥadīth の対立に対して、いかに法の統一と体系化を実現するか、またそのための方法論をいかに確立するか、ということが彼の直面した問題であった。

まず、法解釈においてコーランが第一の拠所であることはいうまでもないが、問題はそれをいかに解釈するかであった。そこでシャーフィイーは、コーランの中にしばしば繰り返されている「神とその使徒に従え」という命令から、ムハンマドの「範例」に従うことはまさに神の意志であり、したがって彼が示した「範例」は神の啓示に相当する権威をもつものであること、さらにこの預言者の「範例」、つまり「スンナ」はハディースの中にあることを明らかにしたのである。この意義は大きい。それまで「前法学派」もムハンマドがコーラン解釈の上で最高の権威であるとしてはいたが、それはあくまでも人間ムハンマドの解釈であって、神的な権威をもつものとはみなされていなかった。ところが、シャーフィイーによって、真正なハディースは神の意志を表わすものとして絶対的な権威を附与されたのである。そしてコーランは厳密にこの「預言者のスンナ」によって解釈されなければならないとされたのである。この意味は、コーランはスンナを廃棄できないことを意味する。なぜなら、コーランがスンナに矛盾するという場合、その時すでにコーランはスンナ以外の何か——「個人の意見」その他——によって解釈されており、この何かがコーラン解釈の基準としてスンナ以上の権威をもつことになるからである。このことは、事実上コーランより以上の権威をスンナに認めることを意味する。

このようにシャーフィイーは、一方では「前法学派」にみられた「スンナ」の観念をとり入れつつも、「スンナ」＝ハディースとすることによって「個人の意見」尊重派とハディース学派の対立を止揚し、それによって法の不統一を克服しようとした。そしてシャーフィイーは、「前法学派」が「スンナ」の権威を教友たちに求めたのに対して、ハディースは預言者の直接的言行である点を強調して議論を有利に展開していったのである。

次に、前述のように「個人の意見」が従来かなり無原則に用いられていたのをシャーフィイーは、既知の類似の条文から三段論法による厳密な推論形式（キヤース）に限定し、その概念を明確にした。最後にシャーフィイーは、各地方に形成されていた地方的な「合意」としての「イジュマー」概念を基本的には受け入れつつも、それを全共同体的な「合意」へと拡大することによって、普遍性のない地方的な法慣行を切り捨てようとした。

このようにしてシャーフィイーは、コーラン、スンナ Sunnah、イジュマー Ijmā'、キヤース Qiyās の四つよりなる法源論を中心とするシャリーアの古典理論をほぼ完成させ、巧妙かつ果敢な議論によってそれを一般化させたのである。こうして彼の理論自体がイジュマーとして確立したのである。

このように、ウンマにおいてイジュマーはコーランやスンナについての人間の解釈を最終的に裁可するものとしてきわめて重要な意義をもつ。こうしてイジュマーはまた、「わが共同体は誤りにおいて合意することはない」というハディースによっても正当化されるのである。つまり、ウンマが一致して決断し選択したことは常に正しいし、したがって神意を体現するとして、イジュマーの不可謬説が確立する。ここにウンマの聖性の一つの現われを見るのである。

もっとも、イスラムにはこの「合意」を生み出す——見出す——特定の会議も組織もない。ただ共同体内でいろいろ議論されるうちにいつしか一般的承認をえたり、あるいは慣行として確立してしまったものをイジュマーとするのである。われわれはそこに、一定の枠内においてではあるが、イスラム的平等主義、漸進主義と寛容をみるし、また党派的、非現実的、一面的で極端な主張や運動をいつしか退けていき、同時に既成事実はできるだけこれを追認しようとするスンニー的現実主義と普遍主義を見るのである。

このことはイスラム史の展開が常に主体性のない受動的なものであったという意味ではない。「合意」→「挑戦」→「合意」という対立と統合のプロセスがそこにはある。現にシャーフィイーの主張にしても、当初は一つの「挑戦」であったものが、徐々に「合意」を得たものである。ただイスラムの場合、これまでそのプロセスがきわめて緩慢であったことが特徴的である。

正統四法学派の成立

シャーフィイーの「学的努力」によってイスラム法理論の基礎づけがなされ、四つの法源が確定した。とはいえ、この法源から導き出される結論が常に一つであるということにはならない。例えば、スンナとキヤースのどちらを相対的に重視するかで結論が異なってくる。後述のように、ハディースはその信憑性の度合いによって分類されているが、もしスンナを重視し、ハディースの信憑性の基準を緩くすれば、スンナに依存する度合いは大きくなり、それだけキヤースへの依存度は小さくなる。その逆も同様である。そしてこれが結論の違いを生むのである。

このようにして、その後さまざまな法学派が成立したが、結局正統派として残ったのはハナフィー Ḥanafī 派、マーリキー Mālikī 派、シャーフィイー Shāfiʿī 派、ハンバリー Ḥanbalī 派の四法学派（マズハブ Madhhab）だけである。これらのうち、スンナを最も重視するのが、アフマド・イブン・ハンバル Aḥmad b. Ḥanbal（八五五年没）を祖とするハンバリー派であり、キヤースを最も多用するのがアブー・ハニーファ Abū Ḥanīfah（七六七年没）を祖とするハナフィー派である。その中間にマーリキー派とシャーフィイー派がこの順序で並ぶ。

さらにまた、イジュマーの範囲をどこまでとするかによって相違が出てくる。例えば、ハンバリー派はそれを「教父」（サラフ Salaf）の時代、つまり最初の一、二世代に限定するのに対して、他の三派はそのような時代的限定を設けない。（こうしてハンバリー派はイスラム内の最も保守的な流れを代表することになるが、保守的であるが故に常に時代の変化に対する批判的精神を強くもっていた。近代の改革運動がこの派から出たのはけっして偶然ではない。）

以上が細部の点で学派間に相違を生み出した主な原因であるが、その他次のような歴史的事情も考えられる。すなわち、シャーフィイー以後各「前法学派」で認められていた「地方的合意」としての「スンナ」（彼らのそれまでの学問的成果）がハディースによらないからといってすべて廃棄されたわけではないということである。まったく普遍性のないローカルな法規定は脱落していったが、そうでないものは新しい法理論の中で再解釈され、あるいはハディースの形でそのまま残る場合が多かったのである（ハディースの「偽作」）。このようにして、メディナ学派はマーリキー派へ、イラーク学派はハナフィー派へと受け継がれ、シリア地方の学派はザーヒリー派として残ったが、これはやがて消滅した。

3　ハディース

ハディースとは

「ハディース」Ḥadith とは、「新しくある・なる」という動詞「ハダサ」ḥadatha から派生した名詞で、元来は「新しいこと」「ニュース」「話」「伝承」一般を指していた。それがのちには、「預言者ムハンマドの言行についての伝承」の意に限定され、預言者のスンナの〝容物〟とみなされるようになったのである。

ハディースは「イスナード」Isnād と「マトン」Matn の二つの部分よりなる。イスナードとは、当のハディースを伝えた伝承者の名前を列記した部分を指し、伝承の本文（内容）をマトンという。イスナードとは、文字通りこのマトンを支えるもののことである。一例をあげると、

法学者《ファキーフ》アブー・ライス・サマルカンディー曰く「ムハンマド・イブン・ファドルがムハンマド・イブン・ジャァファルから伝え聞いたこととしてわれわれに伝え、この人はイブラーヒーム・イブン・ユースフから聞き、彼はハリール・イブン・アフマドから聞き、彼はフサイン・マルワジーから聞き、彼はイブン・アビー・アディーから聞き、彼はフマイドから聞き、彼はアナス・イブン・マーリクから神の使徒が次のようにいうのを聞いたと伝えられたのである。すなわち、『誰でも神に会うことを望む者は、神もまたその人に会うことを望み給う』と。」

ここでアブー・ライス・サマルカンディー以下アナス・イブン・マーリクまでの一連の伝承者の名前の部分がイスナードで、『誰でも神に会う……』の部分がマトンである。

もっとも最初からこのような形でハディースが伝えられていたわけではない。初めはマトンだけがいわば裸のまま伝えられていて、イスナードについては大した関心が払われていなかった。例えば、有名なハサン・バスリー al-Ḥasan al-Baṣrī（七二八年没）はしばしばイスナードなしのハディースを引用している。おそらく最初の二、三世代の間はその必要がなかったからであろう。ところが、時代が下ってハディースの伝達経路が曖昧になり、さらにハディース自体の法的意義が広く認識されてくると、信憑性の問題が改めて見直されてきて、イスナードに関心が向けられるようになったのである。こうしてイスナードが用いられ出したのは、七〇〇年以降のことだといわれる。

ハディースの収集

ムスリムにとって当然ながら、預言者ムハンマドが語ったこと、行なったこと、または行なわなかったこと、その他彼についてのあらゆることが学《まね》ぶべき関心の的であった。そこで彼の死後、それも特にムハンマドに直接会うことのなかった世代の人人の間から、預言者の生活の全貌をできるだけ詳しく知ろうという要求が出てきた。こうしてムハンマドの言行についての「知識」の収集（「知識の探求」Ṭalab al-'Ilm）が始まるのである。

このハディースの収集がなぜ第一世代の教友からではなく、次の世代から始まったのであろうか。おそらく最初の「正統カリフ」時代（六三二―六六一年）を代表する教友たちはすでに自ら預言者について親しく知っていたし、それに外征やそれから生ずる新たな現実問題の処理に忙しすぎたのであろう。ところが世代が変わり、新たな改宗者をも含めた多くの人たちの間に、使徒に対する関心が高まってきた。彼らは各地の征服地にまだ生存している教友たちを訪ねて、使徒についての情報の一部始終を集め始めた。それは今日、民俗学者が古い民話や民間伝承の重要性に気付き、村々を訪ねて古老から話を聞き取り、収集して廻るのに似ている。

この「知識の探求」は、特にシャーフィイー以後ハディースがコーランに次ぐ重要な法源の一つとみなされるようになって、新たな勢いをもって盛んになるのである（裏を返せば、ハディースに対する一般的関心の高まりの中で、シャーフィイーがそれに明確な法的な意義を附与したといえる）。「知識を求めよ、たとえ中国までも」というハディースにいう「知識」も、元来はハディースを指していたといわれる。

多くのムスリムは、たとえ僅かなハディースであっても、それを求めて千里の道も遠しとせず、イスラム世界の各地へ旅を続けたのである。このような「ハディース学者」Muḥaddith たちは、自分が伝えるハディースのイスナードに自分の名前が加えられることに無上の喜びを感じたのである。

ハディース集の成立

ハディース収集の努力の結果は幾つかの有名なハディース集となって現われた。最も早い頃のものとして、前述のマーリク・イブン・アナスの『アル＝

ムワッタ』がある。これは厳密にはハディース集というより、カーディーのための手引書としてイスラム法の概要を述べたものである。しかし、そこにはイスナードなしではあるが、多くのハディースが引用されている。それらは、結婚、契約、刑罰のような大きな項目の下に分類され、利用しやすいように配列されている。

これに対して、ハンバリー派の祖アフマド・イブン・ハンバル（八五五年没）の『アル＝ムスナド』*al-Musnad* は、先の『アル＝ムワッタ』と異なり、伝承者ごとにハディースを分類し収録している。この分類形式を「ムスナド」musnad（支えられたもの）という。他にも幾つかあるが、このような分類では、文字通り「ハディース集」としては意味があるが、法学者の実際的利用には不便である。

これに対して、項目別の分類形式を「ムサンナフ」muṣannaf という。ブハーリー al-Bukhārī（八七〇年没）の『アッ＝サヒーフ』*al-Ṣaḥīḥ* 以下、スンニー派において最も権威あるものとされている「六伝承集」は皆この形式をとっている。それは明らかに実務に携わる法学者の便に供するためであって、シャーフィイー以後のハディース研究が法学と密接な関係の下で集められてきたことを示している。

ちなみに、前述の「六伝承集」とは、ブハーリーのもののほかに、ムスリム Muslim（八七五年没）の『アッ＝サヒーフ』、アブー・ダーウード Abū Dāwūd（八八八年没）の『アッ・スナン』

al-Sunan'、同じくティルミディー al-Tirmidhī（八九二年没）の『アッ＝スナン』、イブン・マージャ Ibn Mājah（八八七年没）の『アッ＝スナン』、ナサーイー al-Nasā'ī（九一五年没）の『アッ＝スナン』の六つである。

もちろん、これをもってハディースの収集活動が終ったわけではない。その後も永く「知識の探求」は続けられ、多くのハディースが編述された。それと共に、既選のハディース集に対する註釈書やダイジェスト版も書かれるに至った。

ハディース批判

伝承学者たちは、収集したハディースをすべて真正なものとして採用したわけではない。当時すでに夥しい数の偽作のハディースが流布していたことは周知の事実であった。例えば、ブハーリーの『アッ＝サヒーフ』には、七千三百余のハディースが収録されているが、それは彼が収集した約六〇万のハディースの中から真実のものとして厳選した数で、全体の僅か百分の一強にすぎない。これをみても、「真実ならざる」ハディースがいかに多く流布していたかがわかる。このような状態の中では、ハディースの偽作を戒めるハディースまで偽作されなければならなかったほどである。

ハディースの偽作が党派的利害や私的利益のためになされる場合も当然多かったことであろう。しかし、「偽作」を専らそのようにのみとらえ、したがって一顧の価値もないとして切り捨てることはあまりにも一面的な見方であり、またそこに示されたムスリムの主体的努力を無視する単純な見方といわねばならない。

前述のように、シャーフィイー以後、ハディースこそ「預言者のスンナ」を表わすものだという
ことが一般的に認められてきたことは事実であるが、それで「前法学派」における「地方的合意」
としての「スンナ」が直ちに廃棄されたわけではない。そうするには彼らの確信はあまりにも強す
ぎた。そこで彼らはそれを使徒の語った言葉として新たに流布させ始めたのである。それはあくま
でも、自分たちが「イジュマー」として伝えてきたものこそが使徒の真実のスンナを体現するとい
う信念の表明であったともいえる。

とはいえ、そのような主観的な確信とは別に、ハディースの真偽は客観的に判別されなければな
らない。今日の文献学的方法によれば、当然まずハディース本文（マトン）の批判から始め、その
内容がコーランの思想に矛盾しないか、また時代的にみてムハンマドの言行とみなしうるものであ
るか、などの点が検討されるはずである。ところが、ムスリム学者はそうはしなかった。彼らは、
ハディース本文の内容には触れずに、専らイスナードに注目したのである。すなわち、時代的・空
間的にみて接触・口伝が実際に行なわれえたか、一つのハディースを何人の教友が伝えているか、
個々の伝承者はすべて人格的に信頼できる者であるか、党派的傾向をもった人物はいないか、要す
るに伝承者の鎖がどの程度完全であるかが吟味されたのである。

こうして、信頼できる伝承者の完全なリンクによって中断なく預言者自身までたどれるハディー

スを「真実なもの」（サヒーフ ṣaḥīḥ）とし、伝承者の鎖がどこかで欠けていたり、その中に信頼できない人物がいるようなハディースを信頼性において「弱いもの」（ダイーフ ḍaʻīf）とした。これらの中間として、多少の難点はあるが、まずは「良好なもの」（ハサン ḥasan）がくる。こうしてハディースはすべて三つに大別される。ブハーリーやムスリムのハディース集がいずれも『アッ＝サヒーフ』と呼ばれるのは、この「サヒーフ」のランクにあるハディースを集めたという意味である。

主にイスナードに注目し、ハディース本文の内容には余り触れないムスリムの伝統的ハディース批判の方法は、はなはだ奇異に思われるが、ムスリムの観点に立てば、その方がむしろ論理的であることがわかる。まず、ハディース本文は預言者のスンナとして、それが「偽作」と判明するまでは一応神聖なものである。もし個々の人間が自己の理性的判断（アクル ʻaql）に従ってハディース批判を始めるならば、収拾のつかない混乱が生じる恐れがあるし、またそうすることは人間の個人的意見や理性を神聖なる預言者のスンナより上位におき、スンナに優る権威をそれに認めることになると思われたからではなかろうか。

これはまた、コーラン解釈において人間の個人的意見や理性を退け、まず預言者のスンナに依らなければならないということから当然要請されることでもある。なぜなら、もしハディースを理性の権威によって批判することが認められれば、スンナによって解釈されるべきコーランも結局、理性の権威下におかれることになるからである。

イスラムには普遍的に妥当する真理としての理性というギリシャ的観念は本来存在せず、すべては神の言葉の権威の下にあるとされる。そこでは人間の理性は、せいぜい「個人的な意見」というほどの意味しか認められない。そこでムスリムは、神聖ならざる人間的なもの（イスナード）に対する形式的批判を行なったのではなかろうか。したがって、そのような批判によって「真実なもの」とされたハディースの中に、内容的に矛盾するものや、時代錯誤的なものがあっても不思議ではない。しかし、それらは神の意志として与えられたものであり、人間の理性はそれを否定するのではなく、調和的に理解するためにこそ用いられるべきなのであり、ハディース学の課題の一つもそこにある。

イスラム的「正統」の確定

ハディース学者の努力によって集大成されていったハディースは、ムスリムにとってはむろん、使徒ムハンマドの言行を真に伝えるものである。これらのハディースの多くが文献学的にみてたとえ問題があるにしても、このように集大成され、それらが「真正なもの」として一般に——イジュマーによって——確定したことの意義は大きい。それは、これ以後ハディースの「偽作」がきわめて困難になったということと、〝容物〟（ハディース）の確定によって預言者のスンナが初めて具体的に確定したことを意味するからである。いい換えれば、「四つの法源」がここに具体的に確定し、シャリーア統一の基盤が実質的にも形式的にも整ったということである。こうして、「スンニー」、つまりイスラム的正統の概念が明確になってきたのである。(その反面、これはまたイスラムから柔軟性が失われてゆく始まりでもあった。)

ちなみに、「スンニー」Sunnī 派とは、正式には「スンナと共同体の民」Ahl al-Sunnah wa'l-Jamā'ah といわれるが、それは共同体全体が正しいと認めてきた預言者のスンナに従う者、という意味である。そしてこのスンナが教友の世代を通して連綿と正しく伝えられてきたことを示すのがイスナードなのである。このようにスンナが「正統」の要《かなめ》として確定すると、それからの逸脱(「ビドア」bid'ah)が「異端」とみなされるようになる。シーア派が「異端」とされるのは、彼らがこのスンナそのものを認めないからである。

第六章　神　学——カラーム

1　カラーム発生の基盤

カラームとは

イスラムにおいて「カラーム」Kalām といえば、通常「(思弁) 神学」のことであるが、その本来の意味は「言葉」である。

まず指摘しなければならないことは、イスラムの中で占めるカラームの位置は、他宗教における「神学」や「教学」の場合と異なることである。通常「神学」といえば、宗教において中心的位置を占めるものと理解されている。ところが、カラームの場合はそれと異なる。コーランとスンナを特に重視する多数派の「伝統主義者」の間には、神学的思弁そのものがビドア (異端) であるとして反撥する根強い傾向があり、カラームがイスラムの中に定着するまでには、永い紆余曲折を経なければならなかったのである。

一般に、宗教の教理 doctrine には次の三つの機能があると考えられる。第一が、信仰を知的に説明し、わかり易く表現すること（狭義の神学・教義）、第二が、信仰を実践し、生活を倫理的に規制すること（宗教倫理・儀礼）、第三が、信仰を弁護し、他の知識体系との関係を調整し明確にすること（護教）、である。

いまこれをイスラムの場合に当てはめて考えると、第二の倫理・儀礼に関する部分がイスラムの中心的位置を占めるが、これは実はイスラム法学（フィクフ Fiqh）が取り扱う領域である。したがって、カラームに残された部分は、第一の信仰の知的表現と第三の護教である。ところで、イスラムの基本的教義は比較的簡明であり、また神の言葉を人間が知的に表現することに対する根強い不信から、ムスリムの最初の知的関心は信仰の知的表現（神とは何か）よりも、実践の問題（神が何を命じたか）に向けられた。カラームはむしろ共同体内の異端的傾向や異教に対する護教や論争の結果として出てきたのである。この意味で、イスラムの「神学」はきわめて護教的な性格が強いといえる。

「信仰」の問題

厳密な意味でのカラームはムゥタズィラ Mu'tazilah 派の登場と共に始まるが、その前史としての広義の神学的活動を生み出す契機となったものは何かを考えてみよう。

まず、ハーリジー派やシーア派のような分派的運動によって提起されたきわめて現実的な問題があった。信仰と罪の関係、救済と行為の関係、それと関連して現体制の是非、といった問題である。

多数派はハーリジー派（シーア派については次章で述べる）のもつ強烈な倫理性に対して基本的には共鳴しつつも、そのまま同調して行動を共にすることはできなかった。その場合どうするか。一つは、ハーリジー派のいうように自らの不正や罪を認めることである。その上なおハーリジー派の運動に参加しないことは、自己の生き方の不正を自認しつつもそれを悔い改めようとしないことを意味する。いま一つは、ハーリジー派の主張は啓示に対する一面的主観的解釈に基づくもので、神の真意はそこにはない。したがって、その解釈をそのまま実践することは非現実的であり誤りであるとし、自己の正当性を積極的に弁護することである。

もちろん、多数派がとったのは後者である。彼らは、ハーリジー派が「信仰」（イーマーン imān）＝「行為」（サーリハート ṣāliḥāt）としたのに対して、両者を一応切り離した。信仰告白をし、その意味を理解している者はすべて「信仰者」（ムゥミン mu'min）であるとし、罪によって「信仰」が失われることはないとした。罪を犯した者の「信仰」については、神が最後の審判の時に判断することであり、人間の知りうることではないとして、判断を「延期した」arja'a のである。こうして彼らは、「（判断を）延期する者」（ムルジ murji'）、したがって「ムルジア派」Murji'ah と呼ばれた。こうして彼らはウマイヤ朝体制を是認したのである。

もっとも、後世のスンニー派学者から異端とされるムルジア派は、その中でも「信仰とは知識である」として「行為の必要性を否定した」り、「信仰告白をすれば、たとえ罪を犯しても地獄に堕ちることはない」と主張する極端派である。大多数の者にとって、「信仰」とは神と人間の内的交わりである。その意味で「信仰」は神のみが知りうることであって、他人が判断できることではない。まして罪によって「信仰」が消滅したか否かについて、さらにその人の来世における運命についてまで人間が判断を下すことは僭越である。人間ができるのはせいぜい外的表白による判断だけである。したがって、自ら「信仰」を告白する限り、たとえ罪人であっても共同生活を営む上ではその人を「信仰者」とせざるをえない。ムルジア派とは元来そういうきわめて常識的な立場を代表するものであったと思われる。

ちなみに、のちのスンニー派では、「信仰」とは神の啓示を真実と認め（taṣdīq）、それを告白すること（iqrār）であり、人間の救済は「信仰」によるとされる。しかし、それは「行為」が不必要ということではない。イスラムにおける「信仰」は、神についての一定の教理を信じるだけではなく、神の命令を知り、それを実践しなければならないと心から信じることをも意味するからである。「信仰」があれば「行為」は自ら出てくるものであり、「行為」は「信仰」の表徴であるとして、両者はしばしば樹の根と幹枝に喩えられる。不完全である人間は罪を犯さざるをえない。そこで懺悔と贖罪が求められる。「懺悔」（タウバ　tawbah）とは、自らの罪を認め、再び同じ罪を犯さないよう決意することである。したがって、真の懺悔はある行為をしなければならないということを心から信じていること（信仰）を前提としている。人間が救われるのはそのような「信仰」によるというのである。したがって、同じ罪を何度も繰り返し犯したり、懺悔やその勧告を拒否する者はそのような「信仰」がないとして「無信仰者」（カーフィル kāfir）とされるのである。

自由意志か予定か

「信仰と行為」の問題と関連して論議を呼んだのが、自由意志と予定の問題である。コーランには、この両方の主張が併列的に述べられているだけである。すでにイスラム前のアラブの間には、「時」（ダフル dahr）、つまり「運命」の観念があり、それがコーランにおける神の力の絶大性と結合して、初期のムスリムの間に著しい予定説的傾向を生み出していた。それが時には、すべてを神の意志と力によるものとして人間の倫理的責任を回避しようとする異常なまでの決定論的な傾向を示すことさえあった。この傾向を代表するのがジャブリー Jabri 派である。これは、政治的には現体制をそのまま是認するムルジア派と相通ずるものである。これに対して、人間の倫理的責任と自由意志を強調したのがカダリー Qadari 派である。彼らは、人間の行為はその人の意志と力によって生み出され、人間は自己の行為の「創造者」khāliq であるとした。これが創造者（神）を複数認めることになるとして論議をよんだのである。

もちろん、人間の自由意志と神の予定は二者択一的に主張されるべきものではなく、両者は綜合されなければならないし、この方向をとろうとしたのがスンニー派の神学である。

解釈学上の問題

イスラムにおける神学的思弁を生み出す第三の契機となったのは、コーランやハディースの解釈の問題である。いうまでもなくコーランやハディースは神学書ではない。それらは一種の詩であり、アフォリズムである。そこには相矛盾する箇所があったり、擬人的表現や具体的感覚的表現が多い。それだけに読む者、聞く者に具体的に生々と訴える力がある。だがその反面、知的なムスリム（特にヘレニズムの影響を受けた非アラブ・ムスリム）には、それをそのまま受け取るのは困難であった。

まず擬人的表現の解釈について、ハシュウィー Ḥashwī 派に代表される擬人神観主義者は聖典の表現を文字通りそのまま解して、神を人間と同様に理解した。これに対して、ジャフミー Jahmī 派はそのような表現をすべて比喩として精神的に理解しようとした。だが、厳密な解釈の基準がない限り、一たび「比喩的解釈」（タァウィール ta'wīl）を認めるとなれば、無限に多様な主観的解釈に道を開くことになる。他方では、擬人的表現を文字通りそのまま認めることになれば、神を有限化し人間化することになる。こうして、解釈の方法をめぐって論議が戦わされることになる。

第四の契機は、異教徒、特にキリスト教徒やマニ教徒との論争である。例えば、キリスト教ではすでにイエス・キリストの神性は正統的教義として確立していたが、イスラムではイエスは神の使徒であってもあくまで人間であるとされている。その他、「聖書」についての立場の違いから多くの論争がなされた。もちろん、論争の過程で「影響」があったことは否定できない。

イスラム神学発生の第五の契機は、ヘレニズムの影響である。ギリシャ語文献の本格的な翻訳は、アッバース朝カリフ、マァムーン al-Ma'mūn（在位八一三—三三年）が九世紀の初頭、バグダードに「知慧の館」Bait al-Ḥikmah を建ててからである。最初は医学や天文学などの実用的学問に関する文献の翻訳が中心であったが、やがて哲学関係のものにまで及び、特にアリストテレスの重要な著作はほとんどアラビア語に訳されたといわれる。

そのような形でのギリシャ哲学の影響は、まず「実体」jawhar、「偶有」ʻaraḍ、「本質」dhāt, māhīyah、「属性」ṣifah といった用語にみられるが、これはむしろ神学的思弁が始まってかなりたってからのことである。カラーム前史におけるヘレニズムの影響は、むしろヘレニズム化されたキリスト教徒その他の人々がイスラムに改宗した時のイスラム理解を通して現われる間接的なものであったと思われる。

伝統主義の立場

「伝統主義」とは、初期イスラムの多数派を代弁し、カラーム発生の基盤となった立場を表わすために便宜的に採用した用語であって、これに対応するアラビア語が述語としてあるわけではない。しかし、このことはかえって「伝統主義」がその後のイスラム史展開の底流として——主としてハンバリー派の中に引き継がれ——本質的に重要なものであることを物語っている。いまこれを啓示と理性という観点から眺めてみると、その最大の特徴は理性（アクル ʻaql）に対して啓示（シャルゥ shar'）を絶対的に優先させる立場であるといえよう。それは理性による啓示の解釈を一切拒否する。これは、マーリク・イブン・アナスの次の態度に端的に示されている。

彼はかつて「慈悲深きお方は玉座に坐し給う」（20：5）というコーランの一節について、「神はいかに坐し給うか」と尋ねられた。この質問にマーリクは、しばし頭を垂れて沈黙した。やがてその額は玉のような汗で覆われ、ついに顔をあげてこういった。「『坐し給う』という〔神の〕属性は知りうるが、その様態についてはわからない。だがそれを信じることは義務であり、それについて詮索することは異端である」と。

これが有名な「様態の如何を問わず（受け入れる）」bi-lā-kaifa, balkafiyah の立場である。理性的に考えるなら、時空を超越し、被造物からの類推を一切拒否する神が人間と同様に天の玉座に坐すと考えることはいかにも不合理である。したがって、「玉座に坐す」と文字通り理解することはできないが、さりとて人間がその様態を確定することはできない。そこで神自らが「天の玉座に坐す」と述べている以上、その具体的意味について詮索することなく、その表現をそのまま肯定しようとする立場である。むろん、この伝統主義者の中には、テキストの表現をそのまま肯定するとはいえ、それを文字通り解釈して、神は人間と同様に具体的に玉座に坐しているとする擬人神観主義的ファンダメンタリストもいたのである。

倫理の問題についても同様である。すなわち、伝統主義者にとって神の命令が絶対的な権威をもつのは、ただそれが神の命令であるというだけで充分であり、それ以上の理由づけは不要である。神の言葉こそまさに理性的判断を超越した究極的基準であり、神の命令がすなわち正義であり、その逆ではない。これがさらに徹底すると、法源としてのキヤース、つまり理性的推論さえ否定するるところまでいく（ザーヒリー Ẓāhirī 派）。

カラームの展開過程

いまカラームの成立過程を時代的にみると、まず基底として神の圧倒的力を前にして人間の智慧や理性の無力さを強調する伝統主義的立場がある。この中には、前述のように素朴な「擬人神観主義者」や「無知蒙昧主義者」と呼ばれるファンダメンタリストが含まれる。次に、これを批判する形で出てくるのが理性を強調する合理主義神学を代表するムゥタズィラ派である。しかし、やがてこの派の行きすぎに対する反動が現われる。すなわち、ムゥタズィラ派のもつ弁証の方法を逆用して彼らを批判し、同時に「正統的」（伝統主義的）立場を弁護しようとする中道派である。これがアシュアリー Ash'arī 派（とマートゥリーディー Māturīdī 派）である。

もちろん、これはきわめて図式的な見方であり、特に二つの点で注意する必要がある。第一に、以上のような展開過程は確かに論理的には正・反・合とたどることができるが、実際には「合」によってすべてが弁証法的に止揚されるのではなく、最終段階においてもそれら三者は永い間併存していたということである。第二に、今日でこそ正統神学といえば、すなわちアシュアリー派神学ということになっているが、それはけっしてアシュアリーの時代からそうであったわけではない。特に大衆の間には前述のように根強い伝統主義の傾向が残っていて、彼らはたとえ正統教義の弁護のためであっても「思弁」（カラーム）を用いることを「ビドア」（異端）として拒否したため、アシュアリー派神学が正統神学として確立するまでにはかなりの曲折を要したのである。

しかし、これによって伝統主義が消滅したのではない。それはイスラム思想史を貫く底流として、特にハンバリー派の中に生き続け、やがて一八世紀のワッハーブ派の復古運動として地表に吹き出し、近代におけるイスラム改革運動の先駆けとなるのである。

2 ムゥタズィラ派

ムゥタズィラ派の起源

この派の起源は、伝統的にはワースィル・イブン・アター Wāṣil b. ʻAṭā（七四八年没）と結びつけて説明されている。この人はハサン・バスリー al-Ḥasan al-Baṣrī（七二八年没）の弟子としてそのサークルに属していたが、ある時議論が「罪を犯した人」の問題に及び、ワースィルはそのような人は「信仰者」でも「不信仰者」でもない中間の「不義者」fāsiq であるとした。この主張は容れられず、彼は「身を引いて」iʻtazala 出ていった。そこから彼の一派は「身を引く者」muʻtazil と呼ばれるようになった、というのである。しかし、類似の話が同時代の別の人についても伝えられていること、また「ムゥタズィラ派」と称される人々が実際に登場するのはそれからほぼ一世紀後であることなどから、ワースィルはむしろムゥタズィラ派神学の先駆者の一人とみなすべきであろう。いずれにしても、前述のような共同体内のさまざまな実践的・神学的問題に対して、彼らは理性の立場から初めて論理的かつ体系的な思索をめぐらしたのである。彼らは一方では、伝統主義の「無知蒙昧主義」やマニ教の二元論、キリスト教の三位一体説を批判してイスラム的神の唯一性を弁護し、他方では、ムルジア派的静寂主義やジャブリー派的決定論を批判して人間の倫理的責任と神の正義を弁護しようとした。

「五つの原則」

ムゥタズィラ派がグループとしてその姿を明確にするのが、この派に共通の「五つの原則」al-Uṣūl al-Khamsah が成立する九世紀中頃のことである。「原則」の第一は「神の唯一性」Tawḥīd である。これは神の本質論・属性論である。第二が「神の正義」ʻAdl。これには神義論、人間の行為と責任、および善悪などの倫理学的問題が含まれる。第三が「約束と威嚇」al-Waʻd wa'l-Waʻīd。すなわち、「信仰者」に対する天国の約束と「不信仰者」に対する地獄の威嚇のことで、善行にはよい報いを、悪行には罰をという倫理主義の立場を示すものである。第四が「中間の位置」al-Manzilah bain al-Manzilatain。これは、政治的には中立主義を指し、罪と信仰の問題については、大罪を犯した者は「信仰者」でも「不信仰者」でもない中間の「不義者」であるとする立場をいう。第五が「善行を命じ悪行を禁じること」al-Amr bi'l-Maʻrūf wa'l-Nahy ʻan al-Munkar。これは、勧善懲悪という倫理的積極主義と正義に対する積極的関心を示すものである。

この「五つの原則」のうち最も基本的なものは、第一の「神の唯一性」と第二の「神の正義」の原則であり、他の三つの原則はいずれも第二の原則から論理的に導き出せるものである。そこで、ここでは「神の唯一性」と「神の正義」についてだけ述べることにする。ちなみに、ムゥタズィラ派は自らを「神の唯一性と正義の民」Ahl al-Tawḥīd wa’l-‘Adl と呼んでいる。

神の唯一性

これは、コーランを貫く最大のモチーフである「アッラーのほかに神はない」 Lā ilāha illā Allāh というイスラムの根本教義を神学的に定式化したものである。コーランによれば、神は唯一なる存在である。その意味は、神は被造物を超越し、それから隔絶した存在であり、両者の間には越えることのできない距離があり、一切の共通性・類似性が否定される。被造物が自己とのアナロジーによって神を理解することは不可能だということである。しかし、神は同時に、自ら創造した世界の歴史に関与し、人間の言葉で自己を顕わし、人間に語りかけ、また人間の呼びかけに応える人格的な存在でもある。神は被造物からかけ離れた超越的存在であると同時に、それと関係をもつ存在でもあるという矛盾した性格がそこにみられる。

このように「神の唯一性」はイスラムの根本原理であり、けっしてムゥタズィラ派に固有の主張ではない。ただ、神の唯一性の問題をめぐって学派や神学者の間に相違や対立が生じるのは、この原則自体に内在する前述の矛盾をいかにとらえ、それをいかに論理的に説明するかの違いによるものといえよう。では、ムゥタズィラ派における「神の唯一性」(タウヒード)の特徴は何であろうか。

まず、神の本質についてみると、

神は一者であり、「神に比べうるものは何一つない」(42：11)。神は物体でもなく、幻でもなく、容積でもなく、形式でもなく、肉でもなく、血でもなく、人格でもなく、実体でもなく、偶有でもない。神には色もなく、味もなく、臭いもなく、触れることもできない。……

といった具合で、そこにみられるのは、神についてはただ否定的にしか語りえないという一種の否定神学である。こうしてムゥタズィラ派は神と被造物との連続性を一切否定し、神の隔絶性を強調しようとする。

だが、ムゥタズィラ派の神観念の特徴はその属性論にある。彼らは、神の「属性」についても、被造物に類似するものは可能な限り除き去り、コーランやハディースにみられる神の擬人的表現を超越神にふさわしい(と彼らが考える)ように解釈することに神学的努力を傾けたのである。

コーランやハディースでは、神は人間の言葉で人間にわかるように表現されている。そこでは、神は「見」「聞き」「語り」「知り」「怒り」「喜び」「創り」「動き」「罰し」「赦し」「歩き」「坐る」等々の人格的存在として描かれている。そのようにして人間は神を最もよく知ることができるが、その「属性」をそのまま認めることは、神と人間との間にある種の共通性・連続性を示唆することになる。これは、「何ものにも比すことのできない」神を被造物に比すことになり、神の超越性・

一元性を否定することになる。こうして、ムゥタズィラ派は神の「属性」を認めないのである。もし、「属性」を認めることになれば、それは神の本質 dhāt の外にはありえずそれに内在することになる。偶有 ʻaraḍ が神に内在しえないから、「属性」は永遠なるもの qadīm でなければならない。そうなれば、「永遠なるもの」（神）を複数認めることになり、神の唯一性の原則に矛盾する。これはまさに多神教 shirk だとムゥタズィラ派は考えるのである。

彼らにとって、神は「すべてを見、すべてを聞き、すべてを知り、意志をもち、語る」という場合、これらの「属性」はそのまま理解すべきではない。「属性」として表現されているものは、実際には何の実在性ももたない。それは神の本質にほかならない。有限な人間が無限なる神を理解しようとすれば、人間は一定の視点からそうせざるをえない。「属性」とは、そのようにしてみた神の本質のさまざまなあり方 ḥāl、側面、あるいはその比喩的表現にほかならない。

例えば、「神は語る」とあっても、実際には神は語るのではなく、（預言者の中に）言葉をつくることである。したがって、コーランは神がつくった言葉、「被造物」makhlūq として、その永遠性は否定される。また、「神が意志する・欲する」という表現をそのまま認めれば、神に欠陥を認めることになる。なぜなら、神は全知・全能であり、常に人間にとって最善 aṣlaḥ のことをし、かつ神が最善と知っていることを行なうのに妨げとなるものは何もないはずである。したがって、神があることを「意志し・欲し」なければならない必要はないからである。神の意志とは、そのような最善のことを神が行なう力のことだとするのである。同様にしてムゥタズィラ派は、伝統主義的多数派の見解に反して、神が天の玉座に坐していること Istiwā' や来世において信仰者が神を見ること Ru'yah Allāh を否定する。

こうしてムゥタズィラ派は、超越神にふさわしくない（と彼らが理性的に判断した）人格的な諸「属性」をすべて比喩的に解釈して、神を非人格化 ta'ṭīl していくのである。

神の正義　ムゥタズィラ派によれば、神はその本質において正義（アドル 'Adl）である。その行為は常に正しく、神が不正・悪をなすことはない。なぜなら、神は常に最善 aṣlaḥ を志向するものであり、もし不正がなされるとすれば、それは神の正義としての完全性を否定することになるからである。

しかし、現実には数多くの不幸や災難、義人の苦しみや不正がある。それらは神の正義といったいどのように調和するのであろうか。確かにこれらは、短期的、個人的にみれば不条理であるが、長期的（来世的）、宇宙的にみればけっしてそうではない、というのがこの派の立場である。いまこの問題を人間の行為との関係で眺めてみよう。

ムゥタズィラ派によれば、人間は本来啓示によらなくても理性によって行為の善悪を判断できるし、また自己の行為に対する自由意志と能力をもつ。こうして彼らは予定説を否定する。自由な決断による行為は、その善悪を問わずすべてその人間が自己の責任においてつくったものであり、神に帰すべきものではない。神はただ命令を下すだけであり、それに従うか否かは人間の自由意志にかかっている。そして人間は、ただ自己の信仰と行為に応じて来世で賞罰を受けるだけである（もっとも、現世でそれを受けることもあり、現世での人間の苦しみはそのような神罰である場合もある）。神が与える賞罰の報いは厳正である。こうして、言葉の厳密な意味での「祈り」Du‘ā’ や「（預言者の）とり成し」Shafā‘ah は否定される。いい換えれば、神はスンニー派がいうように、実行不可能な（「不当な」）義務を人間に課すことはないし、またそれを実行しないからといって罰を与えたり、人間の行為とは無関係に（「不当に」）賞罰を与えることはない、というのである。

啓示の意義

人間はことの正邪・善悪について、基本的には啓示によらなくても理性によって知りうる、というのがムゥタズィラ派の立場である。例えば、「殺すなかれ」「嘘をつくなかれ」ということは、一応啓示とは無関係に普遍的かつ客観的に知りうる真理である。真理についてのこのムゥタズィラ派の客観主義の立場は、この正邪・善悪は神の命令によって（のみ）決定され、神はある行為を正しいから命令するのではなく、神が命令することが正義であり、神の意志とは独立した客観的真理の存在を否定するスンニー派の主観主義と対立する。ところで、もしムゥタズィラ派のような合理主義的客観主義に立つならば、啓示の意義は何であろうか。

それは第一に、理性が知りうることは一般的真理や原則であるのに対して、啓示はさらに具体的指針や規範をも明らかにすることにある。例えば、人を殺した者は罰せられるということは、啓示をまたずに理性的に知りうることである。しかし、どのような罰をどの程度与えるかということは、啓示によってのみ知りうることである。また人間は来世での救済のために道徳的資質を高めることが必要であるということは理性的に知りうるが、具体的にそれをどのように実行すればよいかは知りえない。それを教えるのが啓示である。このように啓示は、理性の知りえない具体的な知識を与えるものであるが、両者はけっして矛盾するものではない。したがって、例えば、人間の道徳的資質を向上させ、来世での報賞をうるのにきわめて有効なのは「礼拝」Ṣalāt であるということが、一たび啓示によって明らかにされるならば、人間は理性によってその有効性・合理性を説明できるというのである。

啓示の第二の意義は、理性的な一般原理を神の命令として人間に課すことによって、人間がより効果的にそれを実行できるようにすることである。

このように神の啓示は理性に対して補足的二次的役割しか果さないように思えるが、けっしてそうではない。人間の具体的行動のためには啓示による教示が不可欠であるという点で、啓示の意義はきわめて大きい。神の智慧がなければ、人間の具体的行動はありえないからである。とはいえ、ムゥタズィラ派神学において理性が主要な役割を果していることは否めない。

倫理的価値の客観性を主張する以上、人間理性がどこまで行為の善悪を判断できるのか、善とは何か、悪とは何か、行為の善悪を判断する一般的根拠は何か、特定の行為における善悪をどう判断するか、行為における動機の意味、動機や認識との関連での人間の責任の範囲、等々といった困難な倫理学上の問題の解決をせまられる。こうしてムゥタズィラ派は言葉の真の意味において、イスラム思想史上初めて倫理学の体系的議論を展開したのである。

「非存在」の概念

次に、神は全能者として自然界にどのように作用するのであろうか。神の全能性と自然法則はいかに両立するのだろうか。自然現象と人間の行為の関係は何か、といった困難な問題にもムゥタズィラ派の神学的思弁は向けられた。そこからこの派の自然哲学、物理学、人間学、心理学などに関わる体系的研究が出てくる。その中でも特異な理論が「非存在」'adam の概念である。

「非存在」とは無のことではなく、一つの実体、一種の実在であり、ものと考えられる。ただ通常のものと違うのは、「非存在」には存在が欠如していることである。換言すれば、ムゥタズィラ派は本質 dhāt と存在 wujūd とを分けるのである。通常のものはこの両者の結合体であるが、「非存在」とは存在と結合する以前の本質のことである。本質そのものは永遠である。ただその状態が「存在」⇄「非存在」と変わるだけである。それを変えるのが神であり、神だけである。神の創造とは、まさにものの本質に対する存在附与のことである。神が世界に関わるのはただこの一点だというのである。

人間はものの存在に関与することはできないが、ものの偶有・属性に働きかけることはできる。

すなわち、ものは一たび存在を附与されると、常に固有の性質・法則（因果律）に従って変化する。そこで人間はこの法則を利用することができるのである。このような自然決定論の中に神が入り込む余地はないし、神の介入がなくても自然界の秩序は維持される。ムゥタズィラ派が「非存在」の概念を導入したのは、存在附与を神のみの創造行為とすることによって神の世界への創造的参与とその超越性とを調和させようという努力の現われとみることができよう。

要するに、ムゥタズィラ派の神学的関心は、神の「人格性」を可能な限り消去してその超越性（唯一性）を保持することに向けられ、他方では、神の行為と人間の行為、および自然界の運行との関係を明らかにして神の正義を保持することにあった。その際、基準になるのはあくまでも人間理性である。「天の玉座に坐すこと」が神にふさわしくないのは、人間が理性的に考えてそうなのであり、また実行不可能な義務を神が人間に課しえないのは、それが理性的に考えて不合理だからである。

ムゥタズィラ派が神を理性そのもの、プラトン的な「最高善」Summum Bonum と考えていたか否かは微妙な問題であるが、彼らとて人間理性によって神がすべて理解できると考えていたわけではない。しかし、彼らが神の「属性」や行為について語る場合、それは常に人間の理性を基準にしている。したがって、彼らが神について理性的に語れば語るほど、一方では神はますます抽象化して人間から遠く離れた存在となり、他方では、彼らの神学的意図に反して、神はますます矮小化してくるのである。そしてそれに対する反動がやがてムゥタズィラ派内部から出てきたのである。

3　アシュアリー派

アシュアリーの回心

アシュアリー Ashʿarī 派の祖アシュアリー al-Ashʿarī（八七三—九三五年）は永い間ムゥタズィラ派の代表的学者ジュッバーイー al-Jubbāʾī に師事していたが、四〇歳頃回心してこの派を去り、伝統的立場に戻る。そして、伝統的立場を思弁的方法によって弁護し、ムゥタズィラ派を批判することにその後半生を捧げるのである。

彼の回心についてはいろいろなことが伝えられている。一つは、預言者が夢で彼に伝統的立場を思弁（カラーム）によって弁護するように命じたということであり、いま一つは、三人兄弟についての師との問答である。すなわち、ある時アシュアリーは師のジュッバーイーに三人兄弟の死後の運命について尋ねた。一人は行ない正しい信仰者として、二番目は不信仰者として、三番目は幼くして死んだのである。長男は天国の最高位を占め、次男は地獄に、三男は天国の最下位に行く、というのが師の答えであった。そこで、問——三男が神に、もっと永生きしていれば善行をつんで長兄と同じ地位に就けたであろうに、なぜ私を早く死なせ給うたのですか、と尋ねたとすると、神は何と答えるであろうか。答——神は次のように答え給うであろう、「もし汝をそれ以上生かしておけば、汝は不信仰者となって地獄に堕ちることを私が知っていたから、汝のためになるように取り計らったのである」と。問――そこでこれを聞いた次男が、「ではなぜ私だけそうと知りつつ永生きをさせ給うたのですか」と問えば、神は何と答え給うか。これに対して師は黙してついに答えなかったという。伝えるところでは、アシュアリーはこの後バスラの大モスクで回心宣言をしたという。これらの伝承がそのまま真実であるかどうかは疑問であるが、ムゥタズィラ派の合理主義神学に対するアシュアリーの不満がどこにあったのか、またアシュアリー派神学のとるべき方向がどこにあるのかをよく示している。

神の唯一性

神は一者であり、「神に比すべきものは何もない」。神は言葉によってとらえ尽すことはできない。神は過去・現在・未来にわたって永遠である。神は偶有ではなく、実体でもなく、いかなる種にも属さない。神は姿も形ももたず、空間・方向を占めることもない。神は物体ではなく、何ものにも内在しない。神は完全で欠けたるところがない……等々。要するに、神は被造物との類比を一切拒否する超越的存在であり、人間は神についてせいぜい否定的にしか表現できないという点では、アシュアリー派はムゥタズィラ派と何ら異なるものではない。

アシュアリー派がムゥタズィラ派と根本的に異なる点は、後者が神と被造物の隔絶性を強調するあまり、神についての積極的な陳述を拒否し、特に人間との類似性を暗示するような擬人的な「属性」を一切認めず、また本質とは別の存在としての永遠なる「属性」はこれを断固否定することにある。そこからムゥタズィラ派の主要な神学的関心は、コーランやハディースにみられる神についての擬人的な表現を神にふさわしいように非人格化して解釈すること ta'wīl に向けられた。アシュアリー派は、このようなムゥタズィラ派の属性否定と比喩的解釈の中に、神と人間との生きたダイナミックな関係を圧殺する危険な傾向と、神の言葉に対する冒瀆の徴候を見たのである。そしてそのような危険と戦うには、伝統主義者のように頑迷にコーランやハディースの引用によるだけでは不充分なことも認識していたのである。こうしてアシュアリー派は、ムゥタズィラ派に対しては、聖典にある神についての積極的陳述・属性をすべてそのまま肯定する。しかし、他方では、そのような陳述の具体的意味やその様態の如何について、一切の詮索を頑なに拒否する伝統主義者に対しては、「思弁」の必要性を明らかにし、そのような陳述が神の超越性に矛盾するものでないことを論理的弁証によって説明しようとしたのである。

「見神」

一例として「見神」Ru'yah Allāh の問題をとりあげよう。コーランには、「その日(復活の日)、幾つかの顔は輝き、その主を仰ぎ見る」(75：22—23)とあることから、伝統的に信仰者は来世において神を見るという至福に与れると信じられていた。もっとも、伝統主義者の中には、「見神」を文字通りそのまま解釈して何の疑念もいだかない「擬人神観主義」的ファンダメンタリストもいれば、肉眼による見神ではないとしながらも、その様態についての論議を拒否する者もいた。

しかし、ムゥタズィラ派にとって、コーランの言葉をそのまま肯定するという点では、両者いずれも——そしてアシュアリー派も——「擬人神観主義者」mushabbih であった。すなわち、ムゥタズィラ派の基本的立場は、神の言葉も人間の言葉もその意味はまったく同一とみることであった。「神を見る」という場合と人間が通常ものを見るという場合の「見る」という言葉の意味はまったく同じだという前提に立つ。したがって、「神を見る」をそのまま解すれば、神を物体とみなすことになり、コーランの他の箇所、例えば、「人の目では神をとらえることはできない……」(6：103)とも矛盾するので、問題の一節は比喩的表現であり、その意味は「……主の御褒美を仰ぎ見る」あるいは「心で神を知る」ことだとする。こうしてムゥタズィラ派は、「神を見る」という神の言葉にもかかわらず、実際には人間が来世で神を見ることを否定するのである。

これに対してアシュアリー派は、伝統的解釈に従って「見神」を肯定する。もちろん、それは感覚的な意味においてではなく、またあくまでも来世におけることである。「見神」を否定するような前述の六章一〇三節（および七章一四三節など）は現世の場合について述べたものと理解すれば矛盾はない。ただ問題は、来世における「見神」がいかに可能かということである。

この派の代表的学者ガザーリー al-Ghazālī（一一一一年没）によれば、来世における「見神」が感覚的なものでないことはいうまでもないが、そうだからといって「神を見る」ことを否定するのは、あたかも鏡の存在を知らないで自分の顔を見ることはできないというに等しい。そもそも神や来世のことをすべて人間や現象界からの類推によって理性的に理解し説明することは不可能なことだとする。これが、伝統主義者とアシュアリー派に共通する神の超越性の理解なのである。

神は人間を超越した存在であると同時に、人間の不充分な言葉によって自己を人間に顕わし、関係を結ぶ。したがって、神が自己に対して「見る」という場合のその意味は、そもそも人間が現世においてものを見る場合と同一ではなく、せいぜいあることを暗示しているにすぎない。したがって、「神を見る」とあっても、そのことを否定する必要はない。ただ、神について「見る」ことが不可能ではないことを示せばそれで足りるのである。

ガザーリーの例を用いれば、ある人が目の前の一人の友人を見て目を閉じる。すると脳裡にその人の映像が残る。次に目を開けると、そこに脳裡にあった映像よりもはるかに明確な姿を見ることができる。このような完全なる顕示こそ「真の見神」ru'yah ḥaqīqah である。形や色をもたない神についての人間の知識はすべて脳裡にある映像のように不完全である。それは、人間の心が現世では肉体との結合による種々の障害のためである。ところが、死後そのような障害を除かれた者の神についての知は上昇し、より完全なものになるといっても、それはありえないことではない。

いま一つ重要なトピックであるコーランの問題についても同様である。伝統主義者が神の言葉としてのコーランの永遠性 ghair-makhlūq を主張するのに対して、ムゥタズィラ派はその被造物性 makhlūq を主張する。前者にとって、コーランを被造物とみなすことは、神の言葉の絶対性を否定するに等しかった。しかし、彼らはそれを思弁によって論証することを拒否した。これに対してアシュアリー派は、コーランを観念内容とその表現形式やものとしてのコーランの二つに分け、前者の永遠性と後者の被造物性を主張して中道をとったのである。

要するにムゥタズィラ派が形式論理の問題として、神の本質以外に独立の永遠なる属性を認めようとしないのに対して、アシュアリー派はこれを肯定する。そこで問題は、本質と属性の関係である。これについてのアシュアリー派のテーゼは、「神にはその本質に内在する永遠なる属性がある。属性は神そのものではないが、神とは別のものではない」ということである。この矛盾するような表現について、ガザーリーは次のように説明する。すなわち、人間が「神」という場合、それは神の本質と属性の両者を含んでいる。属性と神との関係は、あたかもザイドという人間とその手・足・首などの関係と同じである。ザイドの手はザイド自身ではないが、ザイドとまったく別物でもない。足・首などについても同様である。部分は全体とまったく同一ではないが、さりとてまったく別物でもない。属性とはそのようなものだ、というのである。

神の正義

次に、アシュアリー派における「神の正義」とは何であろうか。前述のように、彼らは、ムゥタズィラ派の客観主義に対して、事の正邪・善悪は神の命令によってのみ定まるという主観主義に立つ。そこでは神の意志がすべてであるので、本来「神の正義」ということは問題になりえない。なぜなら、神は人間の理性的判断を超越した存在であり、神の行為に対して人間の行為に適用される価値判断は通用しないからである。そもそも人間界での判断の基準を神に適用して、神はある行為をなしえないとか、なすべしとかいうことはできないのである。神は義人を苦しめ、能力なき者にも義務を負わせ、欲する者を迷わせ導くことができるように、神は絶対自由であり、己の欲することをする。人間のために最善のことをする必要もない。神の行為はすべて己の栄光のためである。

このような神の「暴君的」性格はムゥタズィラ派の忌み嫌うところであるが、それはただ神の全能性と超越性、および人間の無力性（「原罪」性？）を強調したにすぎない。（同時にこの神は、自ら繰り返し強調しているように、「慈悲深く慈愛あまねき神」である。人間はこの神を信頼し、全心全霊をこめてその言葉に依りすがって神に尽すならば、神は人間の呼びかけに応えてくれるのである。）これがアシュアリー派の考える神の超越性である。

ただ彼らの問題点は、人間の行為はすべて神の予定による創造行為の結果にすぎないということになれば、人間はいかに自分の行為に対して責任をもちうるか、神の全能性と人間の自由意志とをいかに調和させるか、ということになる。

「獲得」理論

この問題に応えるのが「獲得」kasb, iktisāb 理論である。神は確かに人間の行為を創造する。そして人間は神が創造した行為を「獲得する」のである。もっとも、人間がその行為を獲得する力も欲求も、その他すべて神が創造したものである。つまり、人間は神が自己の中に創造した力によって神が創造した行為を「獲得」する。これが人間の行為である。そしてこの「獲得」は現実には人間の欲求・意志として知覚される。この「獲得」によって、人間は倫理的責任を負うとされるである。

確かに、こうして神の全能性と人間の自由意志は一応調和されたかにみえる。しかし、そこでの自由とは、自由の意識にすぎないのではなかろうか。人間は神が創造した行為を、たとえ神が創造した力であっても、「獲得」しない場合がありうるであろうか。この点について、再びガザーリーの説明を現代的に翻案すれば、次のようになる。いま火をおこすためにマッチを擦るとしよう。まずマッチを擦る手の運動があり、その結果摩擦が起り、それが熱を生み、その熱によってマッチの軸が燃える。それは、一定の条件の下では誰がしても因果の系列に従って必然的に生起することである。ところが、これを「獲得」理論で説明するとこうなる。手の運動や摩擦が熱を生み、これが一定の物理的化学的変化を生んで火が発生するのではない。それらの因果系列の個々の場合の真の原因は神の創造行為である。すなわち、手の運動の結果摩擦が生じるのではない。手の運動が「契機」sabab となって神が摩擦を創造するのである。また、摩擦が原因となって熱が生じるのではない。摩擦が「契機」となって神が熱を創造するのである。さらに、熱やその結果としての物理的化学的変化が原因となって火が生じるのではない。それらはすべて神の創造行為の結果であって、真の「原因」は神である。手の運動さえ真の意味で人間がつくり出すのではなく、神が人間の力を通してつくり出すものである。さらにこの力自体、人間がマッチを擦ろうと思う時に、人間の中に神が創造したものであり、またその欲求自体も神の創造による。そしてこの欲求はさらに人間の知識、理性、判断を通じて神が創造したものであり、これらは究極的には神の永遠なる摂理 qaḍāʾ からくるものである。こうしてすべての存在や出来事は各々、時間的にも空間的にも質的にも完全にアトム化され孤立化される。それら相互間の関係は一切否定され、すべては直接神の創造行為に結びつけられる。これがアシュアリー派の「原子」jawhar fard 論である。

こうしてアシュアリー派では、ムゥタズィラ派がいう自然法則、因果律の観念は否定される。しかし、実際にはマッチを擦れば通常火が出るし、水を飲めば通常喉の渇きが癒されるように、人間は火が欲しい時には通常マッチを擦り、喉が渇けば通常水を飲む。このように世界には一定の秩序があることは事実である。しかし、それはけっして必然的な因果関係ではない。神は人間がマッチを擦らなくてもいつでも火をつくることができるし、水を飲まなくても渇きを癒すことができる。これが「奇蹟」muʿjizah である。しかし、通常は神はそのようにはしない。それが神の「慣行」ʿādah, sunnah だからである。つまり、神は自己の意志を実現していく場合、通常この「慣行」に従うということである。

他方、それを人間の側からみれば、人間はある行為を現実に実行するまでは、当面の神の予定 qadar は何であるかを予め知りえない。実行してみて初めて神の予定が何であったかを知るのである。その意味で、神の予定は人間の行為によって実現され、神の意志は人間の意志を通じて実現されるといえる。これが、人間が神の創造した行為を「獲得する」ということの意味ではなかろうか。したがって、すべては神の御心であるとして、畑に種を蒔くだけで手入れをせず、神の恩恵のみを期待して待つことほど馬鹿気たことはない。

もともとアシュアリー派の目的は、神の自己表現の言葉を伝統主義者がしたようにそのまま肯定し、それが神に対して不可能ではないということを証明することにあった。だがアシュアリー派も思弁が進むにつれて、神の自己表現の意味を積極的に明らかにしようという方向に徐々に進んでいった。その結果、思弁によって神はますます矮小化していく一方、信仰のパトスがロゴスの問題へとすり代わる危険を生むようになるのである。

第七章　政　治――スィヤーサ

1　イスラムと政治

ウンマは、シャリーアに示された神の意志を地上に実現するために成立した共同体である。それが聖なる共同体であるのは、その基礎であるシャリーアの聖性に由来する。シャリーアは神と人間を結ぶ絆として、この共同体にとって本質的に重要なものである。

カリフ制の意味

すでに明らかにしたように、このシャリーアは人間の精神的側面のみならず、日常的実際的生活にも等しく関わりをもつ。こうしてシャリーアはいわゆる法的規範として機能する以上、その一部を強制し執行する政治権力が必要となる。イスラムにおいて、政府・国家とはまさにこの聖法を現実に適用する機関なのであり、そのようなものとして初めて意味をもつのである。政治とは、シャリーアによる統治（スィヤーサ Siyāsah）のことである。

イスラムにおける政治は具体的にはカリフ制(ヒラーファ Khilāfah、あるいはイマーマ Imāmah)として現われる。イスラムにおける政治論とはカリフ論にほかならない。ところでカリフとは、元来、ムハンマドの死後、預言者・使徒としての資格を除く共同体の指導者としての彼の地位を引継ぐ者、「後継者」(ハリーファ Khalīfah。これが訛ってカリフ)であった。カリフは政治権力を代表する者として、知事や裁判官、軍司令官等の代理者を任免し、聖法に従って、国政を統轄するのである。したがって、カリフの命令に従い、その権威に服することは全ムスリムの宗教的義務であり、また誰が、どのような方法でカリフに選ばれ、どのような統治をするかということは宗教的に重要な事がらである。

(この点でカリフはしばしばローマ教皇と比較されるが、教皇と違ってカリフは聖法の執行者であって、聖法そのものの解釈等の「宗教的」権威はない。ましてや人間の救済の問題に関わる権威はカリフにはない。もっとも、この点では聖法や教義の解釈権を独占するウラマー 'Ulamā'、つまり聖法学者たちも同様である。)

このようにカリフ制は聖法を適用する政治的権力機構として初めてイスラム(法)的に正当化される。いい換えれば、イスラムは常に政治権力を必要とし、それを求める宗教、信仰を常に政治的に表現しようとする宗教であるといえる。そして事実、近代に至るまでイスラムはそうすることにほぼ成功してきたのである。

カリフ制の成立

いうまでもなくカリフ制はムハンマドの死後初めてできたもので、コーランにはそのような意味での言及はまったくない。また、ムハンマド自身も自分の「後継者」のことについては何の指示も与えなかったといわれる（もっとも、シーア派はこれを否定する）。前述のように、「カリフ」は元来「後継者」を意味する普通名詞であって、その資格・機能・選出方法についてそれ自体では何の意味もなかった。それを定めていったのは、その後の共同体の一致した主体的決断（イジュマー）である。このことは、イスラムにおける政治を考える上で重要な点である。

まず、初期のイスラム共同体は当時のアラブ的慣行に従って、指導者（イマーム Imām）として、「信徒の長」Amīr al-Mu'minīn として最もふさわしいと思われる人物を多数の合意をえて選出したのである。もちろん、この「選出」の背景にはさまざまな党派的思惑や党利党略、いわゆる政治的策謀があったことは否定できない。しかし少なくとも大多数のムスリムにとって、最初の四人のカリフは、ウマイヤ朝を初めとして世襲制開始以後のカリフに比べれば、ウンマの指導者として最もふさわしい人物を一致して選出するという理想にかなり近い形で選ばれたのであり、そこでは宗教的目的意識が党利や党派意識を支配していたと考えられている。この時代が特に「正統カリフ」al-Khulafā' al-Rāshidūn 時代（六三二—六六年）と呼ばれるのはそのためである。

政治の理念と現実

イスラムにおける政治の理念は、イスラム的正義（シャリーア）に基づく共同体を地上に建設し、それを維持・発展させることにある。政治権力はそのようなものとして――伝統的には「カリフ制」として――初めて正当化される。イスラム共同体内の政治権力は、その権力を維持・強化し、共同体を生存可能にし発展させるだけではなく、その権力はイスラム的に正当化され、同時に共同体をより一層イスラム的にするものでなければならない。いい換えれば、政治指導者が共同体内のさまざまな現実の問題を適切に処理していくには、きわめて現実的政治的な手腕や能力が要請されるが、それは常に共同体の究極的なイスラム的目的に従属すべきものなのである。だが、現実はあまりにもしばしばこの期待を裏切るものである。政治権力はその本性上常に権力のみを指向しがちであったし、それをイスラム化することは、あまりにも宗教的である政治権力者がその権力自体を維持するのが困難であるのと同様に、至難なことであった。イスラム共同体の理想と現実の乖離が最も大きくなるのもこの政治の領域であった。

ウマイヤ朝期の政治

「正統カリフ」時代はともかく、それに続くウマイヤ Umayyah 朝（六六一―七五〇年）では、カリフ位がウマイヤ家に独占され、さらにこの政府の「反宗教的な」政策を目のあたりにして、多くのムスリムにはいまや共同体の宗教的目的が政治的世俗的目的に従属化され、私的利益のために宗教が利用され犠牲にされた、と思われた。

ウマイヤ朝政権の「反宗教性」が政府の主観的意図によるものではないにしても、そのような疑念をいだかせるような客観的事実のあったことは確かである。例えば、メッカの大商人中の有力者として最後までムハンマドの宣教に抵抗した一族がこのウマイヤ家であったこと、にもかかわらず特に同族のウスマーンが三代目カリフに就任以来彼らは共同体内で支配的地位を得てきたこと、使徒の孫にあたるフサイン一行がカルバラーで殺されたのは、ウマイヤ朝二代目カリフ、ヤズィードの命令によってであること、さらに非ムスリムに対する「優遇」政策、などがあげられよう。むろん公正を期すためにいっておかなければならないことは、一般の反ウマイヤ朝感情には、のちのアッバース ʻAbbās 朝（七五〇—一二五八年）の反ウマイヤ宣伝の影響がかなりあること、アラビア半島から出てきたばかりのアラブ・ムスリムにとって、広大な共同体をよりイスラム的にするより何より、イスラムの大原則に反しない限り既存の組織や制度、および人材を利用してまず共同体そのものを生存可能にし、体制を維持することに最大の関心が向けられたということ（事実、イスラム共同体が地理的に最も拡大したのは、「正統カリフ」時代からこのウマイヤ朝時代にかけてであった）、また共同体をいかにイスラム的にしようにも、その「イスラム的」の具体的概念そのものについてまだ一般的合意がなかった、などの事情がある。

いずれにしても、「正統カリフ」時代末期からウマイヤ朝にかけて、政治指導者およびその体制の正当性の問題が初めて問われてきたのである。まずカリフが不正や罪を犯した場合、彼はそれでもなお「信徒の長」として全ムスリムの忠誠と服従を求める資格があるのか否か。もしないとするならば、そのような罪人を指導者として黙認することは、公然とシャリーアを無視し、共同体全体が迷妄に陥ることにならないか、等々。

これに対して、一たび（重大な）罪を犯した者はそれによって「信仰」を失ったのであり、そのような「背教者」を指導者として認めることはできないとして、過激な反政府運動を展開したのがハーリジー派である。彼らにとって神の規範がすべてであり、カリフであれ誰であれすべてはこの規範に照らして平等に裁かれなければならない。そのことはカリフについても例外ではない。ただ問題は、その規範を誰がどのように解釈するかであるが、ハーリジー派は暗黙のうちに自分たちの解釈を絶対視していたのである。

このハーリジー派の対極にあるのがシーア派である。彼らはこの規範の解釈を特定の人間に限定しようとするのである。イマーム（スンニー派では、カリフ）には誰でもなれるのではなく、使徒ムハンマドおよび先代のイマームを通じて神が指名する「不可謬な」人間が神の規範の正しい解釈者であり、また正当な指導者なのである。人間およびその共同体はこのイマームに絶対服従することによって初めて正しく導かれる、とするのである。シーア派によれば、このイマームとは、具体的にはムハンマドの女婿アリー ʿAlī とその後裔のことであるとして、アリー以前のカリフおよびウマイヤ朝政権の正当性は認めないのである。

これらに対して多数派（スンニー派）は、「正統カリフ」期およびそれ以後の共同体内の既成事実や慣行は共同体が主体的に一致して選択したことであり、そこにけっして誤りはなかったし、したがってまたそれを引き継ぐ現体制も基本的には誤ってはいないとした。こうしてスンニー派は、共同体内の「合意」を不可謬なイジュマー Ijmāʻ とし、それが神意であるとしてそこにカリフ制の法的根拠を求めた。

こうしてスンニー派はカリフの有資格者を使徒の末裔に限定せず、それをクライシュ族にまで拡大した。それと同時に、クライシュ族出身の者であれば誰であれ、指導者として最もふさわしい者をカリフとして選出することができるとして、ハーリジー、シーア両派のいわば中道をとったのである。こうして、イスラムとカリフ制の不可分の関係が成立したのである。

もちろん、ハーリジー派、シーア派以外の多数派がウマイヤ朝体制（およびアッバース朝体制）をそのまま肯定したわけではない。体制に対する不満は肯定派の中にも常にあったし、学者の中には「正統カリフ」時代と共に真のカリフ制は終わり、ウマイヤ朝の成立と共に「王制」（ムルク Mulk）が始まったと考える理想主義者もいたし、また「反宗教的な」政府の下で公職につくのを潔しとせず、体制批判の意味をこめて理想的イスラム共同体の礎石となるべきシャリーアの体系化に専念する在野の学者もあった。こうしてそれまで未分化であった「教」権と「俗」権がウマイヤ朝期から事実上分化し始め、聖法上の問題はウラマーに、政治的現世的問題はカリフにそれぞれ委ねられることになっていくのである。

アッバース朝期の政治

アッバース朝になって初めて聖法の代弁者ウラマーと政治権力者カリフとのいわば協調的関係が成立する。カリフはことさら聖法の守護者・執行者としてその権力を正当化しようとし、ウラマーはカリフの政治権力を法的に是認してやることによって、彼にカリフとしての自己の任務を自覚させようとしたのである。

もっとも、このような「政」「教」の協調関係が成立するには、双方の側にそれなりの現実的理由があった。まずカリフの側にすれば、「反宗教的な」ウマイヤ朝に代わる「宗教的な」体制としてのポーズをとる必要があったこと、政治の中心が征服によって遠心的に外に拡大していくことから、国内の統合と秩序維持に移り、複雑な官僚組織や事務機構を円滑に運営し、ウマイヤ朝的アラブ主義に代って多民族的共同体を結合していくためには普遍的な法体系が必要であった。この要請に応えたのが、その頃ようやく体系化されてきたシャリーアである。そしてウラマーは、その実際的適用に必要な人的資源をも提供したのである。

こうしてウラマーの側は聖法の執行に必要な、そしてそれにふさわしい政治権力を確保し、またそれに対して自分たちを「正統」として認知させることができたのである。こうしてここに広大な多民族的信仰共同体を一人のカリフが一つの聖法によって統治するというイスラムの古典的な政治形態が初めて——そして、それを最後として——出現したのである。五代目カリフ、ハールーン・ラシード Hārūn al-Rashīd（在位七八六—八〇九年）の治世はそのような時代であり、また文化的社会的経済的にも最も輝かしい黄金時代であった。

カリフとウラマーが協調的関係にあるとはいえ、ウラマーは聖法の代弁者として現実の体制そのものは認めつつも、常にその現状を批判する立場にあった。カリフといえども、原理的には聖法の権威の下にあったし、カリフに留まる限り聖法を公然と無視することはできなかった。しかしながら、聖法の実施はカリフ権力に依存し、またカーディー（裁判官）その他の任免権もカリフに掌握されていることから、カリフ権力の専制化を阻止する歯止めとなるのは、カリフのムスリムとしての良心と政治家的現実感覚、および政治的軍事的ライバルの出現だけであった。ウラマーにできることは全ムスリムの良心の代表として行動し、カリフの信仰心に訴えることであった。そして政治権力者を「破門」して無視されるよりも、彼らが聖法を堅持し執行しようとする限り、政治自体の権力追求の論理によって生起する現実的結果をイスラム的に合法化しようとしたのである。

2　イスラム政治理論の展開

アッバース朝体制の変質

アッバース朝が成立後一世紀も経ないうちに、カリフを頂点とするピラミッド型の政治体制は実質的に崩壊し始める。すなわち、カリフが諸州に任命した知事や軍司令官が、特に遠隔地においてその地位を世襲化し始めたり、また各地の豪族や実力者がカリフの任命をまたずに武力によって地方の政治権力を奪取するようになってくるのである。こうして、モロッコのイドリース Idrīs 朝（七八八—九八五年）、チュニスのアグラブ Aghlab 朝（八〇〇—九〇九年）、東部イスラム世界を中心にターヒル Ṭāhir 朝（八二一—七三年）、サッファール Ṣaffār 朝（八六七—九〇八年）、サーマーン Sāmān 朝（八七五—九九九年）等の独立・半独立の諸王朝が帝国各地に出現して、カリフの威令は徐々に衰えをみせ始める。他方では、カリフ自身、自己のトルコ系親衛隊のカイライと化してその実権を失っていった。さらに一〇世紀になると、北アフリカのチュニスに建国したシーア・イスマーイール派のファーティマ Fāṭimah 朝（九〇九—一一七一年）はスンニー派アッバース朝に公然と対抗してカリフを称し、やがてエジプトやシリアをも支配するようになる。さらに同じスンニー派とはいえスペインのウマイヤ朝もアッバース朝に対抗してカリフを称するようになった。特にこの世紀の中葉、シーア・ザイド派のブワイフ朝（九三二—一〇五五年）が帝都バグダードに入城して以来、政治の実権は完全にブワイフ朝アミール Amīr（君主）の手に移り、アッバース家のカリフ体制こそ廃止されなかったが、カリフの存在は文字通り有名無実となったのである。

他方、遙か東部にスンニー派でトルコ系のガズナ Ghaznah 朝（九七七—一一八六年）と大セルジューク Saljūq 朝（一〇三七—一一五七年）が現われ、後者はやがて一〇五五年にバグダードに入城してブワイフ朝の手からカリフを救出する。しかし、それはあくまでもカリフのいわば「精神的」権威の回復であって、実権の回復ではなかった。政治の実権はこの大セルジューク朝を含めて武力を背景に各地に現われたアミール Amir やスルターン Sulṭān に握られていた。だが、カリフが実権を喪失していくのに反比例して、その「精神的」権威がより一層強調され、そしてこれらアミールやスルターンたちはその明らさまな武力支配を正当化するためにカリフのこの権威を利用したのである。彼らが必要としたのはまさにカリフの「精神的」（イスラム法的）権威であり、それのみであった。イスラムの政治論が一つの独立した法理論の問題として論議されるようになるのは、このようなカリフ制の変質を契機としてである。

古典的カリフ論

もちろん、それまでにイスラムの政治論（カリフ論）がまったくなかったわけではない。ただそれは、前述のようにシーア派やハーリジー派のような実際的な政治運動として表現されていたり、またそれに対抗するスンニー派の神学者の著作などに述べられる程度であった。この初期の段階では、ある意味ではすべての思想が政治思想であるともいえる。そして、スンニー派の政治論が法理論として体系的に表現され始めるのは、やはりカリフの権威や実権が最も失墜する時期においてである。その代表的な例として、有名な法理論家マーワルディー al-Māwardī（九七四—一〇五八年）をあげることができよう。

カリフ体制の絶頂期にではなく、それがこのように変質した時期になって、このようなスンニー派ウラマーの政治論が出てきたのはなぜであろうか。また彼らがそれによって企図したのは何であろうか。それは、まずイスラム法的に正当化される政治形態はいわゆる「カリフ制」だけであることを証明してアッバース朝カリフの権威――たとえそれが「精神的」なものだけであったにしても――を再確認し、それをアミールやスルターンに認知させることであったと思われる。こうしてシーア派に対抗してスンニー派イスラムを再興することが彼らのねらいであった。そのためにスンニー・カリフ制の正当性とその理想的形態や歴史的連続性、および現実のカリフとアミールやスルターンとの「異常な」関係を法理論的に説明し合法化することであった。

まずその理想論をみると、

(1)そもそもカリフ制度は理性によるのではなく、神意による絶対不可欠なものである。それはカリフ制を功利的便宜的に理解するハーリジー派やムゥタズィラ派に対立する立場である。カリフ制が神意によるものである以上、カリフへの服従は全ムスリムの宗教的義務である。もっともそれは、使徒を通して神が直接与えたものとするシーア派と違って、イジュマーによってである。このことは、カリフ論の具体的内容についてもいえる。

(2)カリフの選出はムスリムの選挙 ikhtiyār による。これは、イマーム（カリフ）は「指名」naṣṣ によるとするシーア派と対立する点である。もっとも、「選挙」とはいえ選挙方法、選挙人および被選挙人の資格について具体的な規定があるわけではない。要は、ウンマの政治指導者にふさわしいと皆が認める者を選ぶということである。

(3)聖法が一つであるのと同様に、カリフも一人でなければならない。これは明らかに、シーア派は論外として、コルドヴァのウマイヤ朝カリフの正当性を否定するためのものである。

(4)カリフの資格――クライシュ族の出身者。成年男子。善良な性格の人。五体健全であること。聖法に通じていること。行政能力。ムスリムの領土を防護するための勇気と精力。正義の人であること。

(5)カリフの職務――宗教の防護と維持。聖法上の争いの決着。「イスラムの地」Dār al-Islām の防衛。悪人の処罰。国境守備兵の維持。イスラムの信仰を拒み、ムスリムの支配を拒む者へのジハード。税の徴収。兵士への給与支給とワクフ（寄進財産）の管理。官吏の任免。行政事務の監督。

(6)カリフの廃位――異端的行為または乱行によりカリフの資格が失われた時。カリフの精神的・肉体的能力がその職務に耐えられなくなった時。カリフの自由が失われた時（例えば、捕虜になった時など）。

以上がウラマーたちが描き出したあるべきカリフ制の姿であるが、それは明らかに「正統カリフ」時代およびアッバース朝初期のカリフ制をモデルにしたものであることがわかる。だが問題は、それを現実といかに連続させるかである。

カリフ制の理念と現実

まず(2)のカリフの選出は「選挙」によるという原則である。この点は明らかに「正統カリフ」時代の慣行によるものであるが、周知のようにウマイヤ朝以後のカリフは、代々世襲的に親がその子供や一族の者を指名することによって選ばれるのが通例であった。問題はこの世襲制を「選挙」の原則とどう調和させるかである。

それまで選挙人について一定の具体的理論や先例があるわけではなかった。例えば、「正統カリフ」時代においても、いわゆる「選挙」によって選ばれたカリフは初代カリフのアブー・バクルと四代目カリフのアリーだけであり、二代目のウマルはアブー・バクルの指名によるものであり、三代目のウスマーンはウマルが指名した六人の「選考委員」(シューラー al-Shūrā)の互選によって選ばれたものである。そこで法学者たちが有能な選挙人であれば一人でもよいとしても、あながち不当なことではなかった。そうなれば、「選挙」も「指名」も実質は同じであるが、その場合でも、原則はあくまでも有能な「選挙人」が広く人材を求めて、(4)にあるような有能な人を「選挙」することでなければならない。ところで、この原則と世襲制の間には、あまりにも開きがありすぎる。世襲制では血筋がカリフを決定していることはまぎれもない事実だからである。しかしこれも、選挙人が綜合的に判断した結果、自分の子供を最適任者と判断して決定したのだと考えれば、しかも「選挙」後宮廷の忠誠式(バイア　Baiʿah)で臣下の忠誠の礼を受け、集団礼拝時のフトバ(神への讃嘆・祈願)でそれを告示することによって広く一般ムスリムの賛同を得たものとみなすことができるならば、少くとも形式的には一応問題はないといえよう。「選挙人」や「被選挙人」が有能であるか否かという実質的な問題については、客観的な評価の基準がない以上、実際には問題になりえない。

次に、カリフの資格についてはどうであろうか。先の(4)に述べられていることで歴代カリフが忠実に守ってきたことは、ただ「クライシュ族出身者」「成年男子」であることだけである。問題は彼らの倫理的政治的資質に関することである。ところが現実のカリフをみると、「正統カリフ」はともかく、ウマイヤ朝、アッバース朝を問わず、少数の例外を除けばすべてこの理想からは程遠いものであることがわかる。しかし、個々のカリフにこのきわめて抽象的に表現された基準を適用してその適否を判断することはきわめて困難である。かりに個々のカリフに倫理的な欠陥（罪）が指摘されたにしても、それは心からなる懺悔によって赦されるし、そうなれば彼は依然として「信仰者」であることには変りはない。したがって、そのようなカリフに服従することは、依然としてムスリムの義務である。ただその場合、カリフが果して真に「心からなる」懺悔をしたか否かという問題については、もはや人間の判断を超えたことであり、結局は形式的判断で満足せざるをえないことになる。そこでスンニー理論では、カリフの個人的な行為と彼の職務上の行為とが区別され、後者は前者とは無関係に有効であるとされてくるのである。

このようにみてくると、(4)に示された「カリフの資格」はいずれにせよ実質的にはあまり意味をもたなくなってくる。では、それらはまったく無意味であるとして無視できるものであろうか。そうではない。それはあたかも、「殺すなかれ」という道徳的命令が実際には守られないからといってまったく無価値とならないのと同じである。

それといま一つ重要な点は、政治権力をもたないウラマーにとって、「カリフの資格」が抽象的である方がむしろ好都合なのである。それは、「カリフの資格」が一般的であることによって、現実のカリフに一定の距離をもって対することができるというだけではない。もし「資格」があまりにも具体的で解釈の余地のないものであり、それに照らして現実のカリフがかりに不適格であることが明白に判断された場合、カリフが自ら易々とその権力を放棄すれば問題はない。だが、それは実際上期待できることではない。しかも、実力でそれに取って代わる別のカリフ候補者も見出せないとなれば、政治権力者の「破門」はかえって共同体を混乱に陥れる結果に終るからである。さらに、「資格」が抽象的でそこに解釈の余地を残すことによって、かりに現実の政権が交代しても、それを法理論的に説明し合法化することが可能となるからである。こうしてウラマー自身が政治的争いに直接巻き込まれずにすむことになるのである。

同じことは(6)の「カリフの廃位」についてもいえることである。これもきわめて抽象的な表現をとっており、そのまま現実に適用できるようなものではない。ということは、この規定のねらいは現実のカリフを廃位することにあるのではなく、すでに政治的に廃位されたカリフの廃位を合法化することにあったと考えるならば、それはそれなりに充分意味があったといえる。

次は、(5)の「カリフの職務」である。ここで問題になるのは、現実のカリフが次々に実権を喪っていき、カリフの意志に関わりなく——あるいは、それに反して——各地に実力で支配権を確立し、カリフの職務を次々に奪っていったアミールやスルターンのことである。カリフには彼らを制圧するだけの実力はもはやなかったし、かといってカリフも彼を支持するウラマーも彼らに公然と敵対するより、むしろ彼らと協調してその力を共同体の大義のために活用する方が現実的だと考えていた。他方、世俗的権力者の方も、自己の支配権を確保していく上で「教権」カリフに公然と敵対するよりも、自己の政治支配を正当化するためにそれを活用した方が有利であると考えていた。その結果、カリフが彼らにアミールやスルターンの称号を与えてその支配権を認証してやる一方、彼らの方は集団礼拝時のフトバ（神への讃嘆・祈願）にカリフの名を表明し、硬貨にその名を鋳造することでカリフへの恭順の意を表わす形式をとっていた。ウラマーが注目したのはこの慣行である。

彼らはこれを一種の「協約《コンコルダ》」とみなした。すなわち、アミールやスルターンはカリフの尊厳を認めて敬意と恭順の意を表わし、シャリーアによって統治し、信仰を守ることとし、そのような条件の下でカリフは、彼らの支配を認めてその「職務」の一部を委譲するというのである。こうしてウラマーはカリフとアミールやスルターンとの「異常な」関係の適法性を証明しようとしたのである。そこにみられるのは、「必要は不可能な条件をも可能にする」という徹底した現実主義である。

こうしてウラマーは現実の政治状況がけっしてイスラム的に不法ではないということを明らかにし、同時に彼らはその中でイスラムの理想を可能な限り実現できる現実的な道を模索したのである。

中にとり残されてしまったのであろうか。

カリフ論の新しい展開

一二五八年、モンゴル軍の侵入によって「平安の都」バグダードは陥落し、アッバース朝は滅亡した。こうして古典的カリフ制度は終息するが、これによってイスラム共同体はシャリーアの執行機関を失ってしまい、舵取りのない船のように大海の中にとり残されてしまったのであろうか。

もちろん、アッバース朝の滅亡という事態をまつまでもなく、ウラマーの中には四分五裂した共同体の中でのカリフ制の現実をみすえて、力（武力）が現実に政府をつくり、カリフをさえつくることを率直に認める者が出てきた。彼らは、「六〇年間の暴政は一時間の内乱より優る」として、たとえ武力による政府であっても、それによって得られる共同体内の一定の秩序と統一、その他共同生活を営む上での一般的利益のために、それを消極的にではあってもそのまま容認しようとした。そこには、理想的な共同体の建設の中に信仰の表現をみようとした共同体に対するかつての積極的な姿勢はみられない。これこそ中世イスラムの時代精神を示すものである。

しかし、他方では、政治に対するそのような醒めた態度のほかに、ウラマーの中には依然として政治の中に従来のようにイスラム的理念を貫き通そうとする傾向もあった。だが、彼らにとってももはや古典的なカリフ論はあまりにも現実にそぐわないものとなっていた。そこで彼らは、新たなカリフ論のヒントとなるものをシーア派のイマーム概念の中に引き継がれているプラトンの哲人＝王の理論の中に見出した。彼らはこのシーア的「哲人＝王」理論の中のシーア性（イマームの不可謬性と系統論）を除去することによって、それをスンニー理論に援用したのである。すなわち、シャリーアを施行し、正義によって統治する正しい王であれば、たとえ古典理論において厳格に主張され、かつ守られていたように、クライシュ族出身の者でなくても、カリフになる資格があるとしたのである。（このことは、さらに一歩進めれば、この王が自らを「カリフ」と呼ぶか否かは二次的な問題であるということになろう。）

そこには、アッバース朝カリフ滅亡前後の政治的現実をそのまま是認しつつも、なおその中にイスラム的理想を積極的に見出そうとする態度が見られる。したがって、一二五八年の事件は、古典イスラムが終わり、中世イスラムが始まる象徴的な出来事ではあったが、実質的にはその事件を受けとめる法理論的準備はすでにできていたのである。

一六世紀初頭、オスマン朝スルターンが地中海周辺のイスラム世界の覇者としてアラブ世界を征服するが、その際モンゴル軍の殺戮をかろうじて逃れ、マムルーク朝下のカイロにあったアッバース朝カリフの末裔からカリフ位を委譲されたという伝承がある。これは事実ではないとされているが、オスマン朝スルターンがそのような委譲——あるいは、そのフィクション——がなくてもカリフとしての自己の支配を正当化する理論的な準備はすでにできていたのである。もっとも、スルターンがカリフの称号を用いることはほとんどなかったといわれるが、その必要を感じなかったからである。他の地域においても、政治指導者たちはカリフ、スルターン、バーディシャーなどさまざまな称号で各自の支配地域を統治しており、そこに何の聖法上の不都合はなかった。いまや全イスラム世界を統一し、その頂点に立つ指導者としてのカリフは過去のものとなっていたのである。しかし、一般には「信徒の長」として、イスラム世界統合のシルボルとして、また理想的イスラム共同体（ウンマ）を代表する者としてのカリフのイメージは、ムスリムの心の奥深いところに郷愁として潜んでいたのである。

一九世紀末、オスマン朝スルターン、アブドュル・ハミート Abdül Hamid 二世が自己の政治目的のために、この古びたカリフの称号をとり出し、自己のカリフたることを強調し、このカリフの下に大同団結してヨーロッパの「異教徒」に立ち向うよう全世界のムスリムに呼びかけた時、それは多大な反響をよび起した。それは、この呼びかけがすでに西洋の植民地主義支配の下に政治的独立を失い、あるいは失いつつあったムスリム諸民族の、政治権力を志向するこの宗教意識に訴えるところがあったからである。

ウラマーと政治

ウラマーの政治に対する態度を特徴づけるならば、同語矛盾のようであるが、現実主義的理想主義とでもいえようか。理想を高く掲げながらも、その理想を実現する方法においてきわめて現実主義的だという意味である。それはイスラムの現世的（世俗的ではない）性格からくる必然的結果でもあった。すなわち、実現不可能な極端な意見をさけ、共同体内の現実の既成事実をイジュマーとして受け入れていこうとすることにそれは現われている。

もちろん、受け入れた既成事実が理想から程遠いものではあっても、それからまったくかけ離れてしまったわけではないし、またそうあってはならない。なぜなら、もしそうだとすれば、それは、イスラム共同体がその本来の使命を完全に放棄したことを意味するからである。そこから、一方では、既成事実をいかにイスラム法的に追認するかということがウラマーの大きな関心の的となる。他方では、現実の政治権力をイスラム法的に追認することにより、権力者にイスラム共同体の指導者たることを自覚させ、シャリーア施行の義務を遂行させなければならなかった。こうして共同体のイスラム性を維持・増大させるのが彼らの課題であった。

現代的状況

一九二四年、ケマル・アタチュルク Kemal Atatürk の革命によってカリフ制は廃止された。その直後、アラブ世界を中心にカリフ制再興の動きが一時あったが、結局それは失敗に終った。今日では、全イスラム共同体の政治的統一は遠い昔の夢となり、各国別に分裂した形となっている。ある国はスルターン制、王制をとり、ある国は共和制に移行した。共和制の中でもその具体的な政治形態はまちまちであり、一方の極には、国家およびその公的領域からイスラムが分離されているトルコがあり、他方の極には、「イスラム共和国」としてイスラム的理想の実現を国家目的に据えたパキスタンやリビヤがある。

パキスタンの場合はともかく——あるいは、その場合さえ——、共和制は「カリフ制」と対立し、したがって反イスラム的だと考える伝統的ムスリムは多くいたし、またそのように考える研究者もいる。しかし、それはあまりにも固定的な見方といわねばならない。レバノンやインドのような国を除いて、少くともムスリムが大多数を占める国において、共和制とは、イスラムを国教としていると否とにかかわらず、事実上いまやムスリム国民が、少くとも形式的には、自らの手で政治指導者——これを具体的に何と呼ぶかは問題ではない——を選出し、彼がシャリーア（もちろん、かなり改革された形であるかもしれない）を執行する形態だとすれば、ある意味では、これこそ古典理論にいうカリフの真の「選挙」であるといえなくもないからである。

第八章　神秘主義――スーフィズム

1　スーフィズムの起源

「スーフィー」の語源

スーフィズムとは、西暦八世紀末から九世紀にかけて発生したイスラム神秘主義の伝統を指す言葉である。「スーフィズム」Ṣūfism の語は、「スーフィー」Ṣūfi と「イズム」ism から合成された英語である。アラビア語の正しい呼称は「タサッウフ」Taṣawwuf であるが、これはまだ一般には馴染のない言葉なので、ここでは便宜上「スーフィズム」の語を用いることにする。

スーフィーとはアラビア語で「神秘家」を意味するが、この言葉の語源については諸説がある。今日一般に受け入れられている説によれば、アラビア語の「羊毛」を意味する ṣūf から派生した語で、元来は「羊毛の粗衣を着用した者」のことであった。つまり、スーフィーとは、エジプト、シリア、パレスチナ地方でキリスト教の隠遁修道士たちがしたように、世間の虚飾を離れ、懺悔の表徴として羊毛の粗衣を身にまとい、清貧の中に生きようとするムスリムを意味したのである。七世紀末のことであるが、それがのちに「神秘家」を指す言葉として用いられるようになったのである。このことは、その成立過程および修行形態において、スーフィズムが禁欲主義と無関係ではないことを物語っている。では、この両者はどのように異なり、どのように関係しているのであろうか。

禁欲主義

ウマイヤ朝末期の有名な禁欲家ハサン・バスリー al-Ḥasan al-Baṣrī（七二八年没）は、ある日、千年の間地獄で罰を受けたのちようやくそこから救い出される人の話を聞いて、さめざめと涙を流し、「ああ、私もせめてそのような人にでもなれたなら……」と長嘆息したといわれる。また、フダイル・イブン・イヤード al-Fuḍail b. ʻIyāḍ（八〇三年没）も禁欲家として知られているが、生涯笑ったことがない人で、彼が死ぬと世の中から悲しみが消えたといわれる。このような禁欲家たちは、迫り来る終末と審判の恐怖におののき、自己の罪業の深さと地獄の業火におびえていた。彼らは永劫の罰から救われるために世を逃れ、ひたすら罪の赦しを神に乞い求め、罪業消滅と贖罪のために禁欲的苦行に励むのであった。そこにみられるのは、神への恐怖と暗いペシミズムである。

このような禁欲的傾向はすでに使徒の時代にあった。例えば、コーランの中でも特にメッカ期には、終末が目前に迫っていること、審判の厳正さと地獄の恐ろしさ、現世や現身のはかなさと無価値さ、そして何を措いても終末と審判に備えるべきことが繰り返し強調されている。ムハンマド自身もしばし夜を徹して禁欲的勤行に励んでおり、彼の教友の中にも過度の禁欲的な行に耽る者がいたといわれる（例えば、アブドゥッラー・イブン・アムル・イブン・アース ʻAbd Allāh b. ʻAmr b. al-ʻĀṣ、ハーキム・イブン・ヒザーム Ḥākim b. Ḥizām、アブー・ザッル Abū Dharr など）。

この現世否定的な傾向は、敵意に満ちたメッカ社会の中でムスリムがまだ少数の不安定な状態にあった時期に特有のものである。ところがヒジュラ後、ムスリムたちはメディナで一応独立した自律的な共同体をつくると、それを維持・発展させるために現世の問題にも積極的な関心を向けざるをえなくなってくる。こうしてそれまでの切迫した終末意識が徐々に薄らいでくる。さらに、ムハンマドの死後に始まる「聖戦」による大征服はその結果として富の流入をもたらし、それが共同体の地上的発展と個々のムスリムの富裕化をもたらした。しかも、富の分配が信仰の多寡と共同体への貢献度（つまり、入信の年次）によってなされたために、共同体内の主だった長老たちほど豊かになったのである。

このような富裕化が個々人の真の「信仰と善行」の結果であるのか、それとも単なる世俗的現世主義の結果であるのかは別として、少くとも一部のムスリムには、それは来世のことを忘れ現世のことに心を奪われた不信仰の結果だと思われた。このような終末論的な倫理的リゴリズムが内に向けられると、烈しい罪意識から、世間との関わりを一切さけて贖罪の行に専念する禁欲主義 Zuhd が生まれ、それが外に向けられる時には、そのような現世主義を容認する政策をとる政府に対する烈しい反体制運動となって現われたのである。

これに対して、スーフィーのエートスはどうであろうか。例えば、最初期の有名な女聖者ラービア al-Rābi'ah（八〇一年没）の祈りに次のようなものがある。

スーフィズム

おお神よ、もし私が地獄の恐怖からあなたを崇拝するのでしたら、私を地獄で焼いて下さい。もし私が天国が欲しくてあなたを崇拝するのでしたら、私をそこから追放して下さい。しかし、もし私があなたご自身のためにあなたを崇拝するのでしたら、どうかあなたの永遠の美をお取り下げにならないで下さい。

ここにみられるのはもはや神の怒り、地獄の罰に対する恐怖ではない。ラービアが求めているのは自己の救済ではなく、神だけである。ひたすらなる神への無私の愛と信頼、愛における神との合一である。これは、「私はあなたに呼びかけます。いや、あなたが私をあなたへと呼んで下さるのです」という殉教のスーフィー、ハッラージュ al-Ḥallāj（九二二年没）の祈りに通ずるものである。

アブー・サイード・イブン・アビー・ハイル Abū Sa'īd b. Abī al-Khair（一〇四九年没）は同様のことを散文的な表現ながら次のようにいっている。

……宗教的義務を怠ることは無信仰であり、そのような行為を義務と考えて実行することは二元論である。もし「汝」が存在して「彼（神）」が存在するなら、「二」が存在することになる。

それは二元論である。汝は汝の我性を完全に捨て去らねばならない。こうして神と自己（人間）との二元論対立を超えたところにスーフィーは理想の生き方を見ようとする。ジュナイド al-Junaid（九一〇年没）の言葉を借りれば、スーフィーとはただ「何ものにもとらわれることなく神と共にある」人のことである。これがスーフィーのいう「神の唯一性」（タウヒード）である。もっとも、同じタウヒードでも神学者のそれとは異なる。スーフィーにとって、神は一つであるということは単なる論理や弁証の問題ではなくて、その真理を身をもって悟得し、それを実際に生きることなのである。

「起源」をめぐる問題

神と人間の一体性を強調する神秘主義の流れが、神の超越性・隔絶性を強調する伝統的イスラムの中にどうして生まれたのか。それはいかなる外的影響によるのであろうか。これが最近までの西欧におけるスーフィズム研究の中心テーマであった。そこである学者はスーフィズムの発生を東方キリスト教会の禁欲修道僧の影響によるものと考え、またある学者はギリシャ哲学の翻訳を通して入ってきたヘレニズム（新プラトン主義）の影響をスーフィズムの展開過程の中に見ようとした。別の学者は、仏教・ヴェーダーンタ哲学・ヨーガといったインド的伝統の影響を強調し、他の学者はそのような外からの影響を認めつつも、禁欲主義を通しての自然発生説をとった。

もっとも、どの学者も上記のいずれか一つの要因だけでスーフィズムの発生を説明しようとするものではなく、幾つかの組み合わせを考えている。歴史的にみてスーフィズム発生の頃までには、キリスト教文化圏、ヘレニズム文化圏、インド・イラン文化圏は少くともその一部においてムスリムの征服下にあり、複数の影響の可能性は十分にありうることである。しかし、これまでの議論がややもすればスーフィズムと他の宗教的伝統の間に一定の類似現象があれば、具体的な歴史的裏付けがなくても直ちにそこに影響関係を認めようとする安易さがあったこと、「スーフィズム」の概念そのものが不明確なままであったこと、などが反省される。

しかし、もっと基本的な問題は次の点である。まず、スーフィズムに限らず、宗教は人間の生き方の根本に関わるものであるとするならば、あたかも流行に合わせて簡単に衣服が取り替えられるように、外からの「影響」だけである宗教的伝統の中に生まれた新しい現象が理解できるものだろうか、ということである。

これと関連して第二に、スーフィズムは確かに歴史的には九世紀頃に発生したことは事実である。そこでその「起源」は何か、という発想が至極当然のことと考えられる。ところが、主体であるスーフィー自身はけっして、自己の信仰や生き方がコーランやムハンマドの原体験とは無関係に、他宗教からの影響によって九世紀頃生まれてきたものとは考えていないのである。スーフィーたちはすべて自説の根拠をコーランやスンナに求める。これを単なる自己弁護のためとばかりみることができるであろうか。もしできないとすれば、この矛盾をどう理解すればよいのであろうか。

第三に、そもそも「伝統的な」イスラムが神の超越性を強調するもので、神と人間の一体性を強調するスーフィズムは本来異質なものであるという前提は正しいのであろうか。これまでしばしば述べたように、コーランでは確かに神の超越性は強調されてはいるが、それと同時に、神は具象的に生々と描かれ、神の人間への臨在性、親近性も強調されている。してみると、スーフィズムの「発生」とは、イスラム史の流れの中で神の超越性が過度に強調されてくる傾向に対する一つの反動とみることができないであろうか。

要するに、スーフィズムを一種の宗教改革「運動」としてとらえられないだろうか。そうなれば当然、スーフィー（と呼ばれる人）たちが、「目に見えない」あるべき共同体のヴィジョンに照らして、その「目に見える」現実の共同体をいかに理解し、それをどのように「改革」しようとしたかということが重要な問題になる。その場合、共同体の現実の「堕落」に対する彼らの主体的な反応がきわめて特異であった。それが外部の者には「スーフィズム」の発生とみられたのである。ただ、この「反応」の特異さは「堕落」の特異性にもよるし、また反応する主体のパーソナリティや文化的背景（「影響」の問題をこの中に位置づけて考えることができる）などの違いにもよるのである。

発生の歴史的基盤

では、「スーフィー」とのちに呼ばれるようになる人々が見出した共同体の「堕落」とは何であろうか。まず、スーフィズムが発生した九世紀といえば、まさにアッバース朝の黄金時代である。シャリーアの体系化もほぼ完成し、その代弁者であるウラマーとカリフの緊密な協力関係が成立し、「信徒の長」であり、聖法の執行者であるカリフを頂点とする古典的なイスラム共同体が生まれていたことはすでに述べた。

しかし、スーフィーたちはまさにそのような共同体の地上的繁栄の中に信仰の危機を見出したのである。まず、シャリーアの体系化によって、いまやムスリムの日常生活のすべてにわたって何が神の命令であるかが明確にまた画一的に規定され、それが国家権力によって強制されるようになってきたのである。シャリーアは本来人間が神に帰依するその仕方を具体的に述べたものであり、それへの服従は内心からの自発的なものでなければならない。しかし、この側面は神と個々の人間の問題として、人間社会(「目に見える」共同体)で問題にされるのは専らその形式的側面でしかない。ウラマーたちがいろいろと議論し問題にするのもこの形式の面であり、また強制されるのもこの面である。これが信仰の形式化・形骸化を生んだのである。

第二に、この頃までには、聖法学はいうに及ばず、隣接の伝承学、神学、コーラン解釈学、コーラン読誦学、文法学等々のイスラム諸学が分化し専門化してくる。そうなると、初期にみられたように真に学問に関心をもつ者が余技としてやれるようなものではなくなり、職業化してくる。特に、聖法学は今日の法治国家における法律学と同様、国家的に必要な実学として官僚志望者の必修の教科となっていた。こうして聖なるイスラム諸学に専従するウラマーが独立の階層を構成してくると、一方では、彼らは民衆から遊離してくる。それは単に彼らの生活態度にみられるだけではなく、神学を初めとする学問の内容そのものの展開過程にも現われてくる。他方では、階層としての利益を守るために、ますます政治権力との癒着を強めてくる。これが第三の変化である。

カリフとの協力関係が成立してウラマーはアッバース朝政府内の官僚としてその体制の中に完全に組み込まれ、それに従属することによって、本来の神への奉仕者としての批判的精神を失っていったのである。

このような信仰の形式主義化と内面からの世俗化の趨勢の中に宗教的危機を感じとり、行為の内面性を重視し強調する人々が、少数ではあったが現われてきた。これが「スーフィー」と呼ばれる人たちである。彼らの直感する危機が行為の形式よりもむしろ内面にあったために、その「プロテスト」は神学論争や反体制運動のように目立つものではなかったが、その主張をみればその「プロテスト」の対象が何であったかがわかる。

例えば、初期の代表的スーフィー、ジュナイド al-Junaid（九一〇年没）はタウヒードを四つに分けて説明している。第一が、民衆のタウヒードである。民衆は神が唯一であることを認め、それを儀礼的に告白する。しかし、その行為は形式的にも内面的にも完全には程遠い。第二が、ウラマーのタウヒードである。彼らの行為は形式的にはほぼ完全ではあるが、その内面はまだ神以外のものに対する恐怖や願望によって支配されている。第三と第四は、「特別な知識を体得した者」（スーフィー）のタウヒードであるが、まず第三では、行為の形式・内面共に完全ではあるが、そこにはまだ個我の意識がみられる。これが消え去り、自己の意識が神の意識の中に完全に解消している境地が第四のタウヒードである。

このジュナイドのタウヒード論について注目すべきことは、それは単なるタウヒードの分類ではなく、第一より第二、第二より第三、第三より第四というように、そこには評価が含まれていることである。ここにわれわれは、形式主義化したウラマーの信仰に対するスーフィーの批判をみることができよう。もっとも、現実にはウラマーの中にも——また民衆の中にも——正しい信仰の人はいるのであるから、これを無視して「ウラマー」対「スーフィー」という見方をすれば、それはまた新たな形式主義を生むことになる。

2　スーフィーの修行と目標

神秘階梯　スーフィズムにおいて修行とは、禁欲主義におけるようにそれ自体が目的なのではなく、人間が神に近づくための準備である。それはまず、自己の行為を形式的倫理的に神の命令・意志に一致させるだけではなく、内面的にも自己と神とを隔てる一切のものを取り除くことにある。そのためにスーフィーは、通常のムスリム以上に神の法と使徒のスンナを厳しく守るだけではなく、さまざまな禁欲的修行によって現世への執着を断ち切るようにする。さらに不断のコーラン読誦、礼拝、祈り、瞑想、称名などによって常に神を思念し、神と共に生きるように努力する。神への愛を得ようとするものは、こうして現世的なもの、神以外の一切のものを厭い、それから離れなければならない。この現世への執着こそ人間と神とを隔てる最大の障害だからである。ここにスーフィズムが禁欲主義と通ずるものがあり、スーフィーが自分たちの先達として初期の禁欲家たちの言動を範とする理由がある。

修行の具体的方法については、最初は専ら個人の創意工夫に委ねられていたと思われる。というよりも、それはもともと「方法」としてではなく、神の命令やスンナをただひたすら忠実に守っていこうというだけのものであったのが、いつしか神に思念を集中させようとするスーフィーの修行としての機能をもってきたのではなかろうか。ここに、スーフィズムが禁欲主義と本質的に異なるものでありながら、両者を歴史的につなげるものがある。いずれにしても時代が下るにつれて理論的反省が加えられ、修行者がたどるべき道として「神秘階梯」（マカーマート　Maqāmāt）が定まってくる。

その具体的内容についてスーフィーの間で完全な一致があるわけではないが、その主なものをあげると、第一が「懺悔」Tawbah である。これは、通常のムスリムが罪を告白し、それを悔い改めて神の赦しを求め、再び同じ罪を繰り返さないように決意することとはやや異なる。スーフィーの場合、それは従来の生活の仕方全体の誤りを認め、それを悔い改めて未来の（スーフィー的）生き方に踏み切ることを不退転の決意をもって表明することである。

第二が「律法遵守」Waraʻ である。新たな決意をもってスーフィーの道を歩む者は、まず通常のムスリムに定められた義務はもちろんのこと、その実行あるいは回避が望ましいとされているものはいうに及ばず、その適否が疑わしいような行為も一切これを慎しみ、しかも常に神が自己の行動を注視しているという自覚の下に行動するのである。

第三が「隠遁と独居」Khalwah wa-ʻUzlah である。世間から身を引き、人々との交わりを断つことによって現世の束縛を断ち、世俗的欲望を除去することである。とはいえ、イスラムでは「乞食」は原則として禁止されており、自分で生活の糧を得なければならないので、これはいわゆる「出家」ではない。

第四が「清貧と禁欲」Faqr wa-Zuhd である。たとえ聖法にかなったものであっても、最低限生活に必要なもの以外は一切何ものも所有しないことである。ただ単にものを所有しないだけではなく、富に対する欲望そのものの否定が含まれる。これがスーフィーの修行においていかに重要であるかは、スーフィーの別称である「ファキール」Faqīr や「ダルヴィーシュ」Darwīsh がいずれも「貧者」を意味することからもわかることである。

第五が「心との戦い」Mujāhadah である。人間の外的行為がいかに制禦されても、最後まで悩まされるのが「心」nafs の問題である。人間は自己の努力によって一つの（悪しき）心を克服したと思っても、無意識のうちにそれが別の（悪しき）心を呼び込んでいる場合がある。人間の無知、自惚れ、ねたみ、そねみ、傲慢、敵意といった悪しき心はいつの間にか忍び寄ってくるもので、これを矯正することはきわめて困難なことである。

第六が「神への絶対的信頼」Tawakkul である。これは、己の個としての意志を放棄してすべてを神のなすがままにまかせることである。その行きつくところは、あたかも死体清浄人の手中にある屍のような完全な受動性の境地である。必要なものはすべて神が与えるという信念の下に、自ら働いて多くを求めることはせず、病気になっても自ら治療を試みることはしない。こうして自己およびその周囲に起ることについて、そのすべては神の意志であるとしてこれを甘受する境地である。

ズィクル　こうして倫理的な面での準備ができると、最後にスーフィーは一切の雑行や雑念をさけ、ひたすら神の名を称えて思念を神に集中する「ズィクル」Dhikr の段階に進む。こうして波一つ立たない水面のように心を無にして神の恩寵をただひたすら待つのである。ガザーリーはそれを次のように説明する。

これ（啓示）に到る道は、まず現世の絆を完全に断ち切り、心をそれから解放し、家族・財産・子供・国家・知識・権力・名声への煩わしさから解き放つことである。このようにしてスーフィーの心は、何があろうとなかろうと何の痛痒も感じないという境地に到らねばならない。

次に、道場に籠って定めのお勤めおよび定め以外のお勤めに励む。〔それから〕心を空しくし、〔神に〕注意を集中して坐る。この間、コーランを読誦したり、その〔本文の〕意味を考えたり、ハディースを読んだり、あるいはその他の行為によってその瞑想を乱さないようにしなければならない。むしろ、神以外の何物も心の中に入りこまないように心がけねばならない。次に、孤独の中で坐しながら「神よ《アッラーフ》、神よ《アッラーフ》」と口に出して繰り返し唱え続け、そして舌を動かそうとする自己の努力が消え、あたかも言葉だけが〔ひとりでに〕舌の上を流れるような状態になるまで心を集中し続けることである。次に、運動の痕跡が舌から完全に消えているのに、心はズィクルを続けているような状態になるまでこの行を続ける。さらにこの行を継続していくと、その言葉のイメージ、文字、形が心から消え、言葉の観念のみがあたかも心に癒着したかのようにそれから離れることなく残るようになる。スーフィーはこの地点まで自己の意志と選択によって到達し、さらにサタンのささやきの誘惑を退けてその状態を維持することができる。しかし、彼は自己の意志と選択によって神の慈愛を引き出すことはできない。実際、なすべきことをなした後は、ただ神の慈悲の息吹きを坐して待つだけである。このようにして神が、預言者や聖者に示したように、己にも慈悲を示してくれるのを待つより他に何もない。そこでもしスーフィーの期待が真実であり、彼の願いが純粋であり、その修行が健全であり、さらに自己の欲望が心を乱したり雑念が彼を現世の絆にひき戻すことがなければ、真理（神）の光が心の中に照り輝く。この光は、最初は雷光のようにすぐ消える。するとまた帰ってくる。……

こうしてスーフィーは、目指す最高の目標である「ファナー」fanā' に到達するのである。

ファナー

では、このファナーとは何か。もちろん、それは二元的対立を超えた境地であるから、体験した者以外はそれが何であるか知りえないし、またそれを言葉によって正確に伝えることも不可能である。われわれはただスーフィー自身の言葉から推測するだけである。

ガザーリーはそれを次のように説明している。

彼ら（スーフィー）の目には一者以外には何ものも見えないし、また自己自身すら見えない。彼らはタウヒードの中に没入しており、そのために自己自身さえ気付いていない。その時、彼らはそのタウヒードの体験の中で、自己自身から死滅しているのである。つまり、自己を見、他の被造物をみることからも死滅しているのである。

ファナーとはこの「死滅」のことである。それは神秘的観照の対象としての神が主体の心を完全に圧倒し包摂し尽しているために、自己をまったく意識しない状態——恍惚状態《エクスタシー》、忘我——である。主体の心は客体に没入しきっているために自己についての意識はない。「自己」の意識がないために、ある対象を自己が観照しているという意識がない。客体のみが心を占めているのである。これは、無意識や失神とは本質的に異なる。意識が存在しないのではなくて、ただ自己についての意識がないのである。このような状態では、観照の対象、観照の主体、および観照行為の区別や分化は存在しない。自己は完全に対象（神）の中に包摂されて一体となっているのである。

ガザーリーはその心理的内容について、次のように述べている。

それは神の栄光と威光を称える瞑想である。その意味は、心がその威光の瞑想の中に完全に包摂され、畏怖の念で潰滅している状態である。彼の心の中には他を顧る余地はまったくない。……彼の心は歓喜に満ち溢れる。それは、〔神秘が〕顕示される時、身も心も崩れるばかりに強いものである。彼は、その歓喜と喜悦の重みに自分が耐えているのを知り驚嘆する。これこそ直接体験によって〔のみ〕知られるものである。

……神の真性が完全に啓示され、その結果、全宇宙を包含し、そのすべてを知り尽し、あらゆる存在の形式が心の中に開示される程に心は拡げられる。この瞬間、全存在があるがままに開示されるために、心の神秘の光が明るく輝く。これこそ、以前、光のヴェールともいえる壁がいんによって妨げられていたものである。

これをハッラージュは「われは神なり」と表現し、アブー・ヤズィード・ビスターミー Abū Yazīd al-Bisṭāmī（八七五年没）は「われに栄光あれ！　わが威光の何と大なることか！」と表現したことはよく知られている。通常の論理で解釈すれば、これらは神を僭称する赦すべからざる言葉であり、またそのようにしばしば誤解されてきた。ところが真意はむしろ逆なのである。それは、人間が自己を完全に無にした時、そこにあるのはただ全能なる神だけだという徹底した自己卑下、人間の神への従属性の極致を表わす逆説的な表現なのである。そこには最初から神を僭称する自己は存在しないからである。「われは神である」「われに栄光あれ！」の中の「われ」とは、日常的な「われ」ではなく、むしろそのようないい方の中にある我性を超えたいわば絶対我、つまり神にほかならない。

　このように解釈できるとすれば、「われは神である」「われに栄光あれ！」の言葉を発しているのは人間であって、その実人間ではない。つまり神である。そうだとすれば、この状態はまさに神が預言者の口を通して語っているのと本質的に同じものではないか。こうして、スーフィーたちは預言者ムハンマドの中に彼らの原体験を見るのである。

ファナーのあと

　スーフィーにとって、ファナーとはまさに神そのものとの触れ合いである。その状態は通常は永くは続かないが、それはいいようのない無上の歓喜として、またまったく新しい世界の開示として、スーフィーの心に強力な作用を及ぼす。己を完全に無にして初めてえられるこの体験は、神の特別の恩寵として与えられたものとしてしか理解のしようがない。スーフィーの心はそのような神に対する感謝と歓びに満ち溢れる。

　しかし、スーフィーはファナーにおいても最後までヴェールを完全に取り除かれることはない。これがスーフィーの心にいい知れぬもどかしさを与える。「それは中断された状態、苦悩の状態であり、神を求めての渇望の状態である」。スーフィーが好んで用いる比喩を借りれば、それは愛する者同士が引き離されて、相手を求め合って苦悩するのに似ている。スーフィーはその試練に耐えねばならない。だが、神は人間がそれに耐えるように助けを与える。そこから人間の魂は神に向き合ってのこの苦しい試練の中に、やがて霊的な歓びを見出すようになる。

こうしてスーフィーは、「酔える」状態から「醒めた」状態 ṣaḥw へと何度も往復するが、「醒めた」状態で社会へ復帰しても、神との出会いの体験は自己の内面に隠された「秘密の宝」のように護持されるのである。そして「それは、彼が社会の中で生活し語り働く時に、彼を通して照り輝く。彼はいわば神の中に生きていると同時に、社会の中にも生きている」のである。こうしてスーフィーの「醒めた」状態自体も完成されていく。彼はもはや世間から孤立して生きるのではなく、再び世間に帰り、神の御心のままに神の被造物への無私の奉仕の生活に入るのである。

スーフィーの間では、このファナーを最高の境地とする点で一致がみられるが、それが最終的なものであるか否かについて意見が分かれた。例えば、ジュナイドなどは、ファナーは正気と自制を喪失した「酔える」忘我の状態であるために、自己の同胞に対して常に責任をもつ聖者の唯一の目的とすべきでないとした。これに対して、ビスターミー一派はファナーこそ人間と神とを隔てる最大のヴェールとなる人間の個としての属性を取り除くものだとして、「酔える」状態をより重視した。

だが、この体験重視の立場には大きな危険があった。ファナーにはしばしば失神や発作のごとき異常体験が伴ったが、これらは本質的には神秘体験とは無関係のものである。それに類するものは多く病理現象としても見られるものである。ところが、体験を重視しすぎると、体験の異常性のみが専ら強調され、充分な倫理的な準備や修行もないままに異常体験を獲得することにのみ関心が集中する。そして神の恩寵を一定の手段によって人工的に獲得できるという誤った考えが生まれてくる。そこからスーフィズムの呪術化・世俗化が始まるのである。

導　師　スーフィーの修行とは、自己の意志によって自己の心のあり方を変えることである。だが、鏡を用いずに自分の顔の状態を知ることがきわめて困難であるように、自分で自分の心の状態を正しく知りそれを矯正していくことは不可能に近い。それは、自己の意志によって自己の意志を否定するようなことだからである。こうして禁欲的修行のための意識的努力そのものの中にある神と自己という二元的対立意識を除去することがきわめて困難であるということのほかに、例えば、初めて味わう異常体験に対して、それが「正常な」ものであるのか、あるいはサタンの誘惑による「異常な」ものかを適切に判断することの困難さもある。

このような数多くの危険を無事通過して目的地に到達するには「導師」（シャイフ Shaikh、ピール Pir）の指導が不可欠となる。心に一点の曇りもない導師には「弟子」（ムリード Murīd）の心の状態は手にとるようにわかる。そこで師は個々の弟子に最も適した方法によって指導をする。師はまさに弟子が自己の心を映し出す鏡である。したがって、弟子は師に対して絶対的な信頼をおき、師の命令や指導には無条件で従うことが要求される。こうして師と弟子の間には、通常の人間関係以上のものがある。それは全人格的な出会いであり、そして互いに他を通しての神との出会いなのである。こうしてスーフィズムの奥義は伝授され、その法燈が守られていく。この師資相承を具体的に示すのが「スィルスィラ(鎖)」silsilah である。それは、完成されたスーフィーとしての正式の認可を師からえた人々の系譜である。それは、正統なるスーフィーであるか否かを判定する基準となるものである。

3　聖者崇拝

聖者　イスラムにおいて一般に「聖者」(ワリー Walī) といえば、それは理想的境地に到達したスーフィーを意味する。アラビア語の walī (複数形 awliyā') は、近接・接触の観念を表わす動詞 waliya より派生した名詞で、「近しい者、従者、友人、伴侶」を指し、さらに「近くにある者」から転じて「保護者、助力者、主人」を意味した。

コーランでも、例えば、「神こそは信仰ある者の保護者 walī である。……信仰なき者たちは (邪神) ターグートらがその保護者 awliyā'……」(2：257)、「〔聖なる礼拝所の〕真の守護者 awliyā' は神を畏れかしこむ者」(8：34) などと用いられ、近しい関係にあるものの種類や位置関係によって、保護者、伴侶、友、管理者等の意味をもってくる。

ところで、コーランの一節、「まことに神の友たる人々 awliyā' Allāh には恐ろしいことも悲しいこともない」(10：62) とあるように、「神の友」とはもともと神からみて神に近しい特殊な関係にある者、つまりスーフィーの「聖者」とは関係なく、一般的にイスラムの信仰と生活の正しい具現者の意に用いられていた。これがのちに、徐々にスーフィーの理想の具現者、へと限定されてくるのが特徴的である。

聖者の特性として重要なことは、神に近い人間として神と人間の仲介者となり、ウラマーにできなかった罪の赦し、救い、「現世利益」などについて神にとりなしをすること、聖者に対する好意的ないしは敵対的行為は神に対する好意的ないしは敵対的行為とみなされたこと、そしてそのように聖者が神の特別な恩寵を被り、神と近い特別な関係にあることを示すのが「奇蹟」(カラーマート Karāmāt) だということである。

奇蹟

一般的な奇蹟は、神学的には、神がその創造行為における自己の「慣行」'ādah, sunnah を一時的に乱すこととして説明されるが、スーフィーにとって「奇蹟」とは何であろうか。

人間の心(霊魂) qalb は不可視界 (神の永遠なる予定の世界) 'Ālam al-Malakūt, 'Ālam al-Ghaib に属する霊的存在である。心は本性上その本源である不可視界へ帰ろうとする傾向をもっている。

しかし、人間は現世という感覚的世界 ‘Ālam al-Shahādah にあってそれが妨げられている。しかも、通常の人間の心は肉体の中にあって現象界の出来事に惑わされ、感覚的欲望に支配され、日常的世界に埋没していてそのような本性的傾向は見失われている。

しかし、人間の心と神とを隔てるヴェールが一つ一つ取り除かれ、最後に「私」という個我意識が除去されると、たとえ瞬時ではあっても人間は不可視界を垣間見て神の予定の一部を知ることがありうる。それはきれいに磨きあげられた鏡面が外界を正確に映し出すのに似ている。そのような状態にある人は、非日常的な知識や超能力をしばしば与えられる。もっとも、通常の人間でも、外界との接触が断たれ、感覚的活動が休止して心が一時的に清澄な状態に近づく睡眠中には、不可視界との不完全な接触が行なわれることがあり、その結果が夢であるといわれる。

しかし、スーフィー自身にとって重要なのは奇蹟そのものではない。その背後にある心の内的状態、信仰のあり方が問題なのであり、これこそ本来の意味の奇蹟、神の特別な恩恵として重要なのである。事実、初期の優れたスーフィーたちは聖者の奇蹟は一般に公開すべきものではないと考えていたし、むしろそれはスーフィーにとって誘惑であるとして避ける者さえいた。例えば、有名なスーフィーの理論家クシャイリー al-Qushairī（一〇七二年没）は「たとえこの世において奇蹟を行なわなくても、聖者は聖者である」といい、ジュナイドも「奇蹟に頼ることは選ばれたる者が神の最奥に到達するのを妨げるヴェールの一つである」といっている。

しかし、奇蹟に対するこのようなスーフィーの消極的な態度は、やがてそれを求める民衆の要求に押し流されていき、スーフィーの中にも奇蹟を行ない超能力を獲得することをもって修行の目的と錯覚する者が出てきた。もっとも、奇蹟に対するスーフィー自身の態度の変化を、単に民衆の要求に対するスーフィーの不本意な妥協の結果とのみみなすことはできない。そのような傾向を積極的に助長する主体的要因があったとみるべきであろう。

修行中のスーフィーは永い現世否定の禁欲的生活を送らねばならないが、彼が理想の境地に達し、自我の束縛から解放されると、再び世間に帰ってくる。聖者は自分が神から特別な恩恵を受けるだけでは満足しない。もはや彼には「私」がないので、他人の痛みや喜びが自己の痛みとなり喜びとなる。その活動は必然的に利他行、すなわち悩める民衆の精神的物質的救済のための無償の奉仕となる。神を愛する者は神の被造物をも愛する。同胞の苦しみを取り除き、その願い事をかなえてやるためには、自己の最善を尽し、奇蹟も行なうであろう。神に祈り、神を問詰し、神にとりなしをするであろう。

いずれにしても、民衆の側では聖者は「神の友」として、奇蹟によって実際に自分たちのささやかな願望を実現してくれる（よう神にとりなしてくれる）と信じていたし、また真実彼らのためにそのようにして奇蹟を行なってくれる者はただの普通の人間ではありえなかったのである。また、後述のように、スーフィーたちも教団形式をとって組織化され始め、同時にスーフィーたちが専業化してくると、奇蹟を積極的に誇示して自教団の霊験を強調しこそすれ、それを否定することはなかった。こうしてスーフィーの聖者伝は各種の奇蹟譚で満ち満ちてくるのである。

元来、祈願をしたり誓願をしたりするのは死んだ聖者に対してであった。したがって、「聖者崇拝」は元来は聖者の墓所を中心になされたが、やがて生きたスーフィーまでが聖者とみなされ、その聖性は墓のみならず、その遺物、聖者と関係のあったものや場所にまで拡大され、それらが霊験あらたかなものと考えられ、その言動が絶対視されてくるのである。他方、イスラム以前の聖所や聖遺物などが特定のムスリム聖者と関係づけられ、イスラム的装いの下に残存することになる。こうして呪術的な土着信仰が聖者崇拝を通してイスラムと習合していったのである。

スーフィーとウラマーの対立

スーフィズムのそのような展開をウラマーがすべて黙認していたわけではない。元来、スーフィーとウラマーの関係は常に緊張したものであったし、それが時には国家権力と結びついたウラマーによるスーフィーの「殉教」という形をとることもあった。

これにはさまざまな理由がある。第一に、もともとスーフィーの「運動」はウラマーに代表される伝統的な「共同体型」のイスラムの中にみられる律法主義・形式主義への批判の意味があった。スーフィーの中には、律法主義に対する反動としてシャリーアの形式を軽視したり、道徳否定的な態度をとる者がいたことは事実である。また中には、聖者は聖法にとらわれず自由に行動することができると公言する者さえいた。こうした公然たるシャリーアの軽視や無視は、その護持を自任するウラマーの反撥を招かないではおかなかった。

第二は、両者が代弁する「知識」の内容の対立である。ウラマーとは元来「知識ある者、学者」の意であるが、その知識（イルム ʻilm）とは、神がムハンマドを通して下した啓示および使徒のスンナについての知識のことである。この知識はその本性上形式的論理的であり、誰でも学習により習得できるものである。ウラマーとは、こうして知識を習得し、一般のムスリムに対して正しい行為規範について助言や指針を与える学者集団のことである。したがって、この知識の所有者は必ずしもその実践者であるということにはならない。

これに対して、スーフィーのいう知識（マァリファ maʻrifah）は、全人格をもって神の唯一性を悟得することである。それは、スーフィーがファナーにおいて体験的に直観する直接知・絶対知である。それは言葉によって表現できないので、自ら体験によって知るよりほかはない。そこからスーフィーの中には、マァリファはイルムに優ると主張する者がでてきたのである。

このような主張はウラマーの受け入れるところではない。第一に、イルムがいかに形式的であるとはいえ、それは神の啓示として絶対的な権威をもつものであること、第二に、個人的な直観であるマァリファの優越性を認めることになれば、聖法の基盤であるイルムの絶対性が失われ、共同体の秩序が破壊され、共同体はその使命を失う。第三に、イルムの絶対性が失われれば、その代弁者であるウラマー階級の権威と存在理由が失われる。

スーフィーに対するウラマーの不信をつのらせた第三の理由は、聖者の奇蹟と預言者のそれとの区別の問題である。コーランでは繰り返しムハンマドはただの人間であることが述べられているが、その死後から彼を聖化する傾向が強まり、「奇蹟の執行者」としての地位がやがて確立する。そこで聖者にも奇蹟が認められるとすれば、両者の隔差がなくなるという危惧があった。さらに、聖者の廟を訪ねてその奇蹟による助力を求めて祈願や誓願をすること（「聖者崇拝」）は聖者の崇拝であり、神《アッラー》以外のものを崇拝する「多神教」（シルク shirk）にならないか、ということである。第四に、「われは神なり」、「われに栄光あれ！」といった前述のスーフィーたちの言葉が人間を神格化し神を冒瀆するものであると誤解されたこと、などがある。

対立の克服　スーフィーとウラマーの対立、スーフィズムとシャリーアの対立は正常なものではない。それは正しいスーフィズムの発展にとってマイナスである、と考える真面目なスーフィーも多くいた。例えば、アブー・ナスル・サッラージュ Abū Naṣr al-Sarrāj（九八八年没）、アブー・ターリブ・マッキー Abū Ṭālib al-Makkī（九九六年没）、カラーバーディー al-Kalābādhī（一〇〇〇年没）、スラミー al-Sulamī（一〇二一年没）、クシャイリー al-Qushairī（一〇七二年没）のような理論家は、等しくスーフィズムとシャリーアの両立性を主張し弁護したのである。

スーフィーの理想が自己を無にしての神の意志へのまったき帰一にあるならば、どうして神の意志・命令に背くことがありえようか。そもそもスーフィーたちが否定したのはシャリーアの形式主義であって、けっしてシャリーアそのものではなかった。それを正しく生かすことにそもそものスーフィーの出発点があったはずである。そのために、スーフィーはその修行において通常のムスリム以上に熱心に神の命令や使徒のスンナを実行しようとしたのである。このことはたとえ聖者においても例外ではない、というのである。

奇蹟について、スーフィーの理論家たちは預言者の奇蹟と聖者のそれとの本質的同一性を認めながらも、両者の間に一定の区別をつけようとした。すなわち、聖者の「奇蹟」 Karāmāt は本来、「神が与えた特別な恩恵」を意味するが、まさにそれ以上でもそれ以下でもない。その「恩恵」は何か一定の目的のために与えられるものではないし、与えられる者もそれに必ずしも気付いているわけではない。

これに対して、預言者の奇蹟（ムゥジザート Muʻjizāt）はその使徒性を証明するために与えられたもので、本来的に公開されるべきものである。「ムゥジザート」の単数形「ムゥジズ」 muʻjiz の本来の意味は、「(模倣を) 不可能にする (もの)」 であるように、それは預言者の主張に対して人間が挑戦することを不可能にするものなのである。イスラムでは、そのような最大の奇蹟はコーランの文体の美しさそのものだといわれる。

さらにスーフィーにとって、預言者ムハンマドの信仰と体験はまさにその理想であり、その原体験であった。その意味で預言者と聖者の間には本質的な違いはない。しかし、その境地において格段の差がある。つまり、聖者の終るところから預言者が始まるのである。同様に、通常の人間が不可視界を垣間見る一つの機会が夢であり、それがスーフィーや聖者の体験の証しとなるように、スーフィーや聖者の体験は預言者の体験の証しである。聖者と預言者の奇蹟についても同様なのだという。

このようなスーフィーたちの理論的努力において最も大きな役割を果したのは、イスラムを代表するウラマーでのちにスーフィズムに転向したガザーリーである。彼は、多くのスーフィーの護教家がしたように、スーフィズムがシャリーアに矛盾するものではないことを単に消極的に弁護するだけではなく、自己の体験に基づいてスーフィー的生き方がなぜ必要であるかという観点から、イスラム諸学を批判的に考察し、その中にスーフィズムを位置づけることによって、聖法とスーフィズムの調和を計ろうとしたのである。すなわち、聖法についての形式的知識 ʻilm と理性 ʻaql の限界を明らかにし、真理を知り、救いに到るにはスーフィー的生き方によらねばならないとしながらも、後者が聖法と理性によって規制されなければ破滅するとして、両者は相補関係にあるという位置づけを与えたのである。同時にガザーリーは、スーフィズムを少数の特定のエリートに限定されたものとせず、広く一般の人々にも解放し、実行可能なものとするために、預言者の言行に範をとり、修行の方法を簡易化し、職業や階層の違いに応じたスーフィーとしての生活の具体的プログラムを作成した。

このようなスーフィーたちの理論的努力の結果、スーフィズムはようやく正統イスラムの中に市民権を得てくる。それと並んで聖者崇拝もイスラム共同体の中で徐々に一般化していく。これに対して、ウラマー（特に一部のハンバリー派の学者）の中には、それを「ビドア」（異端）として批判する者もあったが、大多数の者は聖者の行動に是非の判断を下しうるとは思わなかったし、また聖者に敵対して神の怒りを買おうとは思わなかった。こうして聖者崇拝は民衆の要求に応える形でムスリムの生活の中に否応なく定着していき、やがてイジュマーとして正当化されるに至るのである。この傾向をより一層促進し、スーフィズムの民衆化と低俗化とを同時に生み出したのが、一二世紀以降新たに展開してきたスーフィー教団（タリーカ Ṭarīqah）である。

4　スーフィー教団

スーフィーの組織　スーフィズムはもともと少数のいわばエリートの「運動」として出発した。彼らは特殊なサークルをつくり、その中で修行し生活していた。それは、民衆に働きかけ、彼らを組織化していくという性質のものではなかった。むしろ、自分たちの教説を民衆に口外することはきわめて危険な結果を招くと考えていたのである。

スーフィーの生活を志す者はまず特定の師につき、その指導の下で何年にもわたる修行をつむ。やがて一定のレヴェルに達すると師の認可を得て独立する。そして、今度は自分が、その名をしたって集まってくる弟子たちの指導にあたるようになる。そこではまだ、スーフィーの師が〝教祖〟となって恒常的な教団組織が形成されることはなく、師の没後弟子たちはその法燈を守りつつも、各々が独立の道を歩んでいったのである。

スーフィーたちは禁欲的修行に励む特殊な集団を形成していたとはいえ、世間から完全に隔絶して生活していたわけではない。イスラムでは「乞食」は禁止されていたし、独身制は奨励されず、妻子をもつことが普通であった。そこでスーフィーたちは自分で生活の糧——といっても、それはつつましいものであったが——を得なければならなかった。

教団の発生

ところが、一二、三世紀頃より特定の聖者を〝教祖〟とし、彼を中心にした恒常的な教団組織（タリーカ Ṭarīqah）が成立してくる。その組織の特徴は、専従化してきたスーフィーを中心として、多数の〝在家の〟スーフィーをも組織化していったことである。これら〝在家の〟スーフィーたちは、日頃は生業に従事していて、定期的に自己の所属する教団で行なわれる勤行に参加し、スーフィーとしての指導を仰ぐのである。その代り彼らはその教団を財政的に支援するのである。伝道については、まず本部の親教団を中心とし、そこから派遣される伝道師によってその支部が設立され、そこからさらに別の支部が次々に細胞分裂していき、こうして教団の組織が網の目のように全国的に拡がっていったのである。

各教団の間には、修行形態や儀礼、内部組織の形態、シャリーアやウラマーに対する態度、政治権力との関係、支持階層などの点でさまざまな差異がみられたが、各教団は主としてその〝教祖〟の思想と性格に由来する特性に従ってさまざまな階層や地域にそのネットワークを拡げていき、やがてウラマーをも含めてほとんどすべてのムスリムがいずれかの教団に所属するという状態にまでなるのである。それだけではない。スーフィー教団は商業ルートに沿ってブラック・アフリカや中国、東南アジアを中心とする異教の地にまでも、その独特の布教形態によってイスラムの信仰を拡めていったのである。

主なスーフィー教団として、まずアブドゥル・カーディル・ジーラーニー ʻAbd al-Qādir al-Jīlānī（一一六六年没）を祖とするカーディリー教団がある。これは正統派の線を守る典型的な「都市型」の穏健な教団で、バグダードを中心としてほぼイスラム世界全域に拡大している。同じ傾向のものに、アブドゥル・カーヒル・スフラワルディー ʻAbd al-Qāhir Suhrawardī（一一六七年没）を祖とするスフラワルディー教団、ジャラールッ・ディーン・ルーミー Jalāl al-Dīn Rūmī（一二七三年没）を祖とするメウレヴィー教団などがある。

これに対して、前述のジーラーニーの甥、アフマド・リファーイー Ahmad al-Rifāʻī（一一八二年没）を祖とするリファーイー教団，リファーイーの弟子，アフマド・バダウィー Aḥmad al-Badawī（一二七六年没）を祖とするバダウィー教団，シャーディリー al-Shādhirī（一二五八年没）を祖とするシャーディリー教団，トルコのベクターシ教団などは，極端な苦行の実践，集団的狂躁，ガラスや火を食べたり，蛇を使ったりして超能力と「奇蹟」を強調し民衆を圧倒する典型的な「農村型」の教団である。

民衆化の要因　スーフィー教団の成立・発展という形でのスーフィズムの民衆化・一般化を生み出した要因は何であろうか。いうまでもなく，そこに民衆の要求に応えるものがあったからである。では，民衆の要求とは何であろうか。これをいわゆる「現世利益」とのみ見ることは誤りである。確かに民衆が「奇蹟の執行者」である聖者に対して「現世的」欲求の充足を求めたことは事実であるにしても，それを必ずしも「世俗的」な行為とのみみることはできない。しかも，この民衆化の潮流について特徴的なことは，民衆自身がスーフィー的な生き方を理想の生き方と考え，それを模倣して自らもスーフィーになろうとした点である。そこにはイスラムの信仰のあり方に対する根本的変化がみられる。

元来，イスラムは優れて倫理的な宗教であり，神の命令として示された正義を共同体に実現することに信仰の表現をみる「共同体型」の宗教であった。そしてウマイヤ朝を経てアッバース朝に至って，イスラムは新しく拡大された世界の中にその古典的な姿を見出した。ウマイヤ朝時代の混乱は、新しい社会状況の中で個々のムスリムがその理想をいかに実現していくかという問題に真剣に取り組んでいったそのエネルギーの現われとみることができよう。

しかし、アッバース朝の初期にみられたこの古典的イスラムの完成の中に、すでに形式主義という新たな宗教的危機が潜んでおり、スーフィーの発生はそのような共同体の危機に対する一つの「プロテスト」であったということは前に述べた。さらに、アッバース朝の中央集権的体制も一世紀足らずの間に崩れ始める。すでに九世紀頃から共同体内の各地に軍事力を背景に政治的支配を確立する者が出てきたのである。さらにカリフを僭称して公然と挑戦する者も現われ、アッバース朝カリフの実権は徐々に失われ、イスラム共同体は政治的社会的に分裂し混乱してくる。

このような分裂と混乱の中では、一一世紀に始まる異教徒の十字軍の侵入に対してさえも、人々はそれほどの関心を示さなかった。キリスト教世界のこれに対する反応の大きさに比して、これがムスリム側の注意をほとんど惹かなかったのは、ムスリムのウンマそのものに対する期待が小さくなっていたからである。一二五八年のモンゴル軍の征服によるアッバース朝の滅亡は、いまや共同体統合のシンボルであり、またシンボルでしかなかったものをも奪ってしまったのである。スーフィー教団の発生がこの前後に起っていることはけっして偶然ではない。

このような時代的背景の中では、その宗教的理想の実現の場を従来のように共同体に求め、シャリーアの実現を通して理想的社会をそこに実現していく努力の中に神との交わりを求めるということが意味をもちえなくなってきたのである。それよりもむしろ、個々人が自己の内面において直接に神の存在を体験し、そのようにして信仰を確かめる方向に向っていったといえよう。スルターンやアミールに理想的な政治を期待し、それに積極的に協力することはあまりにも非現実的となっていた。それよりも、政治から離れた地域社会の中に相互に信頼し合える緊密な共同体をつくろうとする動きが出てきた。そして、その核となったのが、ウラマーではなくてスーフィーであり、その道場（ハーンカー khānqāh）であった。こうしてムスリムの地域的再統合化はスーフィー教団組織を通して行なわれた。そして、スーフィー教団の全ウンマ的拡大によって、そのチャンネルを通してムスリムは再び政治とは無縁のところで新しい結合を生み出すことになったのである。

このような民衆の要求に応え、彼らを（〝在家の〟）スーフィーとして組織化していくためには、伝統的なスーフィズムにみられた複雑で困難な修行形態の簡易化が必要となる。すなわち、誰もが生業に携わりながら実行できる修行方法の創出である。これには、ガザーリーが示したように、人間の一日の生活時間を幾つかに区分し、その各々の中で恒常的になされる動作（例えば、起床、用便、洗顔、礼拝、食事等）の際に神を称える言葉や祈りの言葉を定め、これらの言葉を四六時中口に出して唱えることによって常に神を意識し思念する工夫などがある。

このほか〝在家の〟スーフィーは定期的に自己の所属する教団の「道場」に集まり、集団の勤行に参加し、導師の指導を受ける。この集団儀礼の主体は「神よ！《アッラーフ》」、「神に栄光あれ！《スブハーナッラーヒ》」などの短い句を一定の動作に従って繰り返し唱えること（ズィクル Dhikr）や楽器に合わせて歌われる神秘主義的詩を聴くこと（サマー Samāʿ）であるが、その他に円く輪になって頭や体をリズムに合わせて動かしたり、片足を軸に両手を拡げて回転したりする。各教団にはそれぞれ特有の儀礼形態があるが、いずれにしてもこのような単調な動作を長時間続けていくうちに、参加者を無我のファナー状態に誘うのである。

中世イスラムの展開とスーフィズム

一二五八年のモンゴル軍の征服によるアッバース朝の滅亡はイスラム世界に大きな混乱を引き起した。それは古典的アラブ的イスラムの終焉を示す象徴的事件ではあったが、イスラムの歴史そのものがそれで終ったわけではない。それはまた、新たな装いの下で新たな担い手によって新たな展開をとげていくことになるのである。

まず、一四世紀以降小アジアからバルカン半島へと勢力を拡大して発展したオスマン・トルコは、スレイマン大帝（在位一五二〇―六六年）の頃までには、小アジアはもとより遠くウィーンに迫るほどのバルカン半島奥深い地域から、南はイエーメンに至るまでの地中海周辺アラブ諸地域を征服して広大な統一国家をつくった。

同じ頃ペルシアの地では、モンゴル族の征服後この地を支配したイル汗国、さらにティムール朝を経て、一五〇二年にはイラン民族を統一してシーア派のサファヴィー朝が興り、オスマン朝と対立しつつも、シャー・アッバース一世（一五七一—一六二九年）の頃には、政治的にも文化的にも隆盛の時期を迎える。スンニー・イスラム世界では、ガザーリーの批判などによって消滅したかにみえたギリシャ哲学の伝統はシーア派のイラン民族に引き継がれ、そこでシーア思想やスーフィズムと融合して新しい展開を示していた。

他方、インド亜大陸のイスラム化が進むのも一三世紀以降のことである。すなわち、インダス河上流の西北辺境地域を支配していたガズナ朝を滅して登場したゴール朝以後ムスリムの本格的なインド侵入が開始される。一二〇六年には、ゴール朝の後にデリーを中心とするトルコ系の「奴隷王朝」が成立する。さらに一五二六年にはムガール王朝の成立によってムスリムの全インド的支配権が確立し、イスラム化が進行する。こうしてアクバル大帝（在位一五五六—一六〇五年）の頃にムガール朝はその最盛期を迎える。他方、東南アジア、中国、ブラック・アフリカなどにイスラムが伝播していったのもこの時期のことである。

こうしてイスラムは、アラブ・ムスリムが活動の舞台から姿を消すと、モンゴル人征服者を改宗し、トルコ人、イラン人、インド人、マレー人、インドネシア人、中国人、アフリカ諸部族民の中にその担い手を見出し、新たな発展をとげたのである。そして、この発展に活力を与えたのがスーフィー的形態におけるイスラムの信仰であった。

確かに、オスマン帝国やインドにおける武力征服は「聖戦」という古典的な形をとっていたが、ここでさえスーフィズムは無視できないのである。例えば、オスマン・トルコのイェニチェリ軍団はスーフィー教団と密な関係にあったし、インドの場合でも、武力征服後の住民のイスラム化を促進したのはスーフィーであった。さらにスーフィズムは、都市における商人や職人の組織と深く結びついて地域共同体の安定的基盤となり、スーフィー教団の国際的なネットワークと信用が商業活動に必要な国際的活動の基盤ともなったのである。イスラムを東南アジア、アフリカへ伝えたのも、スーフィー化したムスリム商人たちであった。

こうした発展も一六世紀のピークを過ぎると止まり、イスラム世界は再び衰退に向う。イスラム史的にみれば、スーフィーたちが体験を重視するあまり知識を軽視したことから、知性による規制を離れたスーフィズムはますます呪術化し、「神への信頼」が積極的活動の中で理解されるのではなく、無為・無活動、外界（現世）への無関心として理解され、スーフィズムは無気力と沈滞を正当化するイデオロギーとなっていくのである。

地理上の発見、ルネッサンス、宗教改革から啓蒙思想、市民革命、産業革命を経た近代ヨーロッパ人が見出したイスラム世界はほぼそういう状態であった。

第九章　むすび――近代への序曲

法学にしても神学にしても、またスーフィズムにしても、これまでのイスラムの思想史的展開はすべて、ある意味では伝統主義の克服という形で進んできたといえる。しかし、コーランとスンナを最も重視し、しかも「様態の如何を問わず」テクストの本文を受け入れ、使徒および最初期のイスラムのあり方を超越的理想として、いつの時代にもそれをそのまま実行しなければならないとする伝統主義自体がけっして消滅したわけではない。その妥協を拒否する批判的精神は特に一部のハンバリー派の人々の中に引き継がれ、イスラムの底流として脈々と生きていたのである。

伝統主義の底流

まず八二七年、アッバース朝の〝啓蒙専制君主〟マァムーン（在位八一三―三三年）は異端ムゥタズィラ派の合理主義神学を国家の「正統」教義として採用し、異端審問（ミフナ Miḥnah）を開始した。そしてムゥタズィラ派の「コーラン被造物」説を認めない「無知蒙昧な」者を公職から追放し、投獄した。ハンバリー派の祖、アフマド・イブン・ハンバル（八五五年没）は少数の同士と共に、頑なに「コーランは永遠なる神の言葉である」と主張して譲らず、それについて議論することさえ「ビドア」（異端）であるとして、永年の獄中生活を甘受した。約三〇年後、政府の政策転換によって彼が釈放されると、バグダードの市民は歓呼して彼を迎えたといわれる。

同じくハンバリー派のイブン・ジャウジー Ibn al-Jawzī（一二〇〇年没）は、ガザーリーをも含めてスーフィーに対して辛辣な批判を加えたことで知られており、イブン・クダーマ Ibn Qudāmah（一二二三年没）はカラームに対して烈しい批判を浴びせた。中でもイブン・タイミーヤ Ibn Taimīyah（一三二八年没）は聖者崇拝を初めとして論理学、カラームその他原始イスラムの時代にみられなかった学問や慣行をすべて「ビドア」として烈しく非難した。これが体制側のウラマーの反感を買い、永い獄中生活を余儀なくされる。こうして伝統主義の流れは細々としたものではあったが、本来の清澄さを保って続いていたのである。

復古運動

一八世紀中頃、アラビア半島にワッハーブ Wahhāb 派の運動が興ったのは、ウンマ全体がスーフィズム一色で覆われ、無気力と諦念の中に沈滞しきっている時であった。このアラビア半島も例外ではなく、メッカ、メディナの聖都を除けば、辺境の地としてムスリムの関心を引くものは何もなかった。住民はオスマン・トルコ人の支配に甘んじ、イスラム以前とあまり変わらぬ生活を送っていた。

この運動の創始者、ムハンマド・イブン・アブドゥル・ワッハーブ Muḥammad b. ‘Abd al-Wahhāb（一七〇三—九二年）は、イスラム共同体のこのような衰退は、原始イスラムに中世的スーフィー的夾雑物がその後附加されて、それが不純になったためであると考えた。沈滞したイスラムをいま一度復興させ、往時の活力を取り戻すためには、それらの附加物を取り除き、コーランとスンナの純粋なイスラムに復帰しなければならない。

改革者ムハンマドはこのような復古主義を唱導しただけではなく、当時はまだ小邑ダルイーヤの一豪族にすぎなかったサウード家のムハンマド Muḥammad b. Suʿūd（一七六五年没）と手を組んで、その主張を実行に移そうとした。こうして彼らは、当時ネジュドのオアシスでみられた聖者崇拝や聖樹・聖石崇拝、スーフィー的儀礼を批判するだけではなく、それを破壊し除去していった。彼らはメッカにも突入して、そこの聖者たちの廟を徹底的に破壊して聖所を浄めたのである。さらにシーア派の聖地カルバラーでは、フサインの廟をも破壊した。

このようなワッハーブ派の徹底した偶像破壊的な行動は、世界のムスリムに大きな衝撃を与えた。当時この地の宗主であったオスマン朝スルターンもこれを放置できず、ついにエジプトの大守ムハンマド・アリー Muḥammad ʿAlī にその討伐を命じた。エジプト・トルコ連合軍がそれを鎮圧したのはやっと一八一八年になってからのことであった（第一次ワッハーブ王国）。その後一〇年足らずでまたワッハーブ王国は息を吹き返すが、やがてエジプト軍の攻撃とサウード家の内紛からそれも潰え去ってしまう（第二次ワッハーブ王国）。彼らが再び政権を取り、今日のサウード王国を興すのは、今世紀の二〇年代のことである。

第一次、第二次ワッハーブ運動はそのままでは実を結ばなかったが、それが沈滞するイスラム世界に与えた影響は大きい。まずそれは、共同体の現状に不満を覚え、それを矯すべき方策を模索していた世界の多くのムスリムに一つの方向を明確に示したのである。すなわち、スーフィズムに〝汚染された〟中世的な「個人型」のイスラムを否定して、いま一度純粋な古典的な「共同体型」のイスラムに帰るために内部改革をすることである。そしてワッハーブ派は、そのために一切の妥協を排して行動することを訴えたのである。だが、伝統的なイスラムは既存の体制と不可分に結び合っているので、イスラムの内部改革は必然的に既存の政治権力との対立を生む。こうしてワッハーブ派はトルコの支配体制と衝突し、アラブ民族の主権回復という側面をもちつつ、ラディカルなものとなっていったのである。

これと並んでいま一つ注目すべき初期の改革運動は、デリーのシャー・ワリーユッラー Shāh Walī Allāh（一七〇三—六三年）である。彼は崩壊の一途をたどるムガール帝国の内部にあって、それを復興し、それにいま一度往古の繁栄を与えるための改革を主張したのである。この点で現状をラディカルに否定して遠い昔の純粋な原始イスラムを復活させようとしたワッハーブ派と異なる。ちなみに、ワリーユッラー自身はスーフィーであり、思想家としての彼の目標も、中世的イスラムの形態をすべて否定するのではなく、純粋なスーフィズムと純粋なスンナを統合したような理想的イスラムの復興であり、政治的にはムガール帝国最盛期にみられたムスリム権力の再興という方向を示していた。

事実、ワリーユッラーの改革思想は、インドにおけるシーク教徒やヒンドゥー勢力の復興、イギリス権力の浸透を前にしてのイスラムの改革を目指したものであり、最初から護教的な性格を根底にもつものであった。いずれにしても、彼の思想はその後、彼の息子や孫たちに引き継がれ、社会的・政治的運動へと組織化されていく。

近代におけるイスラムの改革運動は、西洋からの「インパクト」という外圧によって興ったとしばしばいわれるが、これが表面的な見方であることは以上のことからわかる。むしろ、近代における改革運動もこれまでみてきた一連の運動の中の一つとして考えるべきものである。ただ近代における改革運動の特異性は、イスラムの現状に見出した「危機」の内容の特異性にある。それは、従来のように共同体の内部が腐敗しているというだけではなく、共同体自体がいまや強力な外敵の侵入にさらされているという危機（意識）であった。イスラム内部の堕落の主因はスーフィズム化した（「個人型」の）信仰形態にあるとし、それを否定してスーフィズム化以前の（「共同体型」の）古典イスラムを復興しようとするワッハーブ派の改革の試みが、ムスリムの中に眠っていた共同体（ウンマ）意識をよび醒し、共同体の現状に目を向けさせたのである。

アフガーニー　この内部の改革と外敵からの防衛という改革思想を火のような弁舌と精力的な行動によって全世界のムスリムに訴えて廻ったのがジャマール・ッ・ディーン・アフ

ガーニー Jamāl al-Dīn al-Afghānī（一八三九—九七年）である。

彼が活躍した一九世紀後半にはアジア、アフリカに対する西洋列強の植民地主義支配はすでにあらわなものとなっていたし、それはイスラム世界に対しても例外ではなかった。イスラムの伝統的学問とヨーロッパ文明についての理解を深めたアフガーニーは、このような状況の中でイスラム共同体全体が世界的に西洋からの侵略の危機にさらされていること、このような外からの侵略に対してムスリム全体が民族や文化の差異を越えて一致団結してウンマの防衛に当たらねばならないこと、他方では、伝統的イスラムの旧弊を改め、近代文明の採用によって自らを強化し、そのようにして過去の統一的イスラム国家の栄光をもう一度復活しなければならないことを唱導した。それのみならず、自らもさまざまな形で現実の政治にも関与して、その実現に努めたのである。

アフガーニーの思想と活動の意義は、当時、世界各地で局地的な形でみられたムスリムの反西洋反植民地主義闘争は、実は全ムスリムに共通の課題（内部改革）と共通の敵（外敵からの防衛）に対する闘争であることを自覚させ、それを汎イスラム運動へと転化させていったことにある。この汎イスラム主義の思想は、その後オスマン朝スルターン、アブドュル・ハミート二世が自己の立場を強化するために政治的に利用したり、また各地の複雑な政治的事情から、そのままでは実現をみなかった。しかし、それは全世界のムスリムに対して過去の栄光を思い起させ、同胞意識をよび醒すことによってイスラム共同体に対する積極的な姿勢を生み、共同体の改革のために中世的イスラムを否定し、同時にそれを強化して外敵から防衛するために立ち上がるべきだという意識を広く大衆の間に浸透させたのである。

その後の近代イスラムの展開は、このアフガーニーという貯水場からのさまざまの分流としてとらえることができる。そして各々の分流は各地の複雑な歴史的事情と絡み合いながら展開していくのである。

参考文献

概説書および文献目録

井筒俊彦他編『岩波講座　東洋思想　イスラーム思想1〜2』、岩波書店、一九八八―八九年
余部福三『イスラーム全史』、勁草書房、一九九一年
大塚和夫他編『岩波イスラーム辞典』、岩波書店、二〇〇二年
加賀谷寛『イスラム思想』、大阪書籍、一九八六年
ハミルトン・A・R・ギブ『イスラム入門』（加賀谷寛訳）、講談社学術文庫、二〇〇二年
小杉　泰『イスラームとは何か』、講談社現代新書、一九九四年
嶋田襄平『イスラム教史』、山川出版社、一九七八年
竹下政孝編『講座イスラーム世界4　イスラームの思考回路』、悠思社、一九九五年
東長　靖『イスラームのとらえ方』、山川出版社、一九九六年
中村廣治郎『イスラム教入門』、岩波新書、一九九八年
同『講座イスラム1　思想の営み』、筑摩書房、一九八五年
日本イスラム協会編『新イスラム事典』、平凡社、二〇〇二年

P・K・ヒッティ『アラブの歴史』（岩永博訳）、上下、講談社学術文庫、一九八二―八三年
三浦徹・東長靖・黒木英充編『イスラーム研究ハンドブック』、悠思社、一九九五年
山内昌之・大塚和夫編『イスラームを学ぶ人のために』、世界思想社、一九九三年

第一章　聖典――コーラン

井筒俊彦訳『コーラン』、上中下、岩波文庫、一九六四年
同『意味の構造――コーランにおける宗教道徳概念の分析』（牧野信也訳）、新泉社、一九七二年
同『コーランを読む』、岩波書店、一九八三年
大川玲子『イスラームにおける運命と啓示』、晃洋書房、二〇〇九年
マイケル・クック『コーラン』（大川玲子訳）、岩波書店、二〇〇五年
日本ムスリム協会訳『聖クルアーン』、日本ムスリム協会、一九八二年
藤本勝次・伴康哉・池田修訳『コーラン』、中央公論社、一九七〇年
リチャード・ベル『コーラン入門』（医王秀行訳）、ちくま学芸文庫、二〇〇三年

第二章　預言者――ムハンマド

イブン・イスハーク／イブン・ヒシャーム『預言者ムハンマド伝』（後藤明他訳）、全四巻、岩波書店、二〇一〇―二〇一二年
井筒俊彦『マホメット』、講談社学術文庫、一九八九年
F・ガブリエリ『マホメットとアラブの大征服』（矢島文夫訳）、平凡社、一九七一年

後藤　晃『ムハンマドとアラブ』、東京新聞出版局、一九八〇年
嶋田襄平『預言者マホメット』、角川新書、一九六六年
藤本勝次『マホメット――ユダヤ人との抗争』、中公新書、一九七一年
ブハーリー『ハディース――イスラーム伝承集成』（牧野信也訳）、三巻、中央公論社、一九九三―九四年
ムスリム『日訳サヒーフ・ムスリム』（磯崎定基・飯森嘉助・小笠原良治訳）、三巻、日本サウジアラビア協会、一九八七―八九年
W・M・ワット『ムハンマド――預言者と政治家』（牧野信也・久保儀明訳）、みすず書房、一九七〇年

第三章　共同体――ウンマ

W. M. Watt, *Islam and the Integration of Society*. London, 1961.
——, "The Conception of the Charismatic Community in Islam", *Numen*, VII (1960).
L. Gardet, *La cité musulmane: vie sociale et politique*. Paris, 1961.
——, *L'Islam: religion et communauté*. Paris, 1970.
J. M. Kitagawa, *Religions of the East*. Enlarged ed., Philadelphia, 1968.

第四章　「異端」――ハーリジー派とシーア派

菊地達也『イスマーイール派の神話と哲学』、岩波書店、二〇〇五年
同『イスラーム「異端」と「正統」の思想史』、講談社、二〇〇九年
黒田壽郎『イスラームの反体制――ハワーリジュ派の世界観』、未来社、一九九一年

桜井啓子『シーア派』、中公新書、二〇〇六年
富田健次『アーヤトッラーたちのイラン』、第三書館、一九九三年
花田宇秋「遊牧アラブとハワーリジュ派の発生」『オリエント』、第一六巻、二号
同「第一次内乱とハワーリジュ派」『イスラム世界』、六号（一九六八年）

第五章　聖法——シャリーア

イブン・ザイヌッディーン『イスラーム法理論序説』（村田幸子訳）、岩波書店、一九八五年
遠山四郎『イスラム法入門』、紀伊国屋新書、一九六四年
N・J・クールソン『イスラムの契約法——その歴史と現在』（清水巌訳）、有斐閣、一九八七年
古賀幸久『イスラム国家の国際法規範』、勁草書房、一九九一年
A・W・ハッラーフ『イスラムの法——法源と理論』（中村廣治郎訳）、東京大学出版会、一九八四年
堀井聡江『イスラーム法通史』、山川出版社、二〇〇四年
柳橋博之『イスラーム家族法』、創文社、二〇〇一年
湯浅道男『イスラーム婚姻法の近代化』、成文堂、一九八六年

第六章　神学——カラーム

青柳かおる『イスラームの世界観——ガザーリーとラーズィー』、明石書店、二〇〇五年
井筒俊彦『イスラーム思想史——神学・神秘主義・哲学』、岩波書店、一九七五年
同『イスラーム哲学の原像』、岩波新書、一九八〇年

H・コルバン『イスラーム哲学史』（黒田・柏木訳）、岩波書店、一九七四年
塩尻和子『イスラームの人間観・世界観』、筑波大学出版会、二〇〇八年
同『イスラームの倫理』、未来社、二〇〇一年
竹下政孝監・編訳『中世思想原典集成　11　イスラーム哲学』、平凡社、二〇〇〇年
中村廣治郎『イスラムの宗教思想――ガザーリーとその周辺』、岩波書店、二〇〇二年
S・H・ナスル『イスラームの哲学者たち』（黒田・柏木訳）、岩波書店、一九七五年
モッラー・サドラー『存在認識の道』（井筒俊彦訳）、岩波書店、一九七八年
O・リーマン『イスラム哲学への扉――理性と啓示をめぐって』（中村廣治郎訳）、ちくま学芸文庫、二〇〇二年

第七章　政治――スィヤーサ

イブン・ハルドゥーン『歴史序説』（森本公誠訳）、三巻、岩波書店、一九七九―八七年
小杉　泰『現代中東とイスラーム政治』、昭和堂、一九九四年
松本耿郎『イスラーム政治神学――ワラーヤとウィラーヤ』、未来社、一九九三年
E・I・J・ローゼンタール『中世イスラムの政治思想』（福島保夫訳）、みすず書房、一九七一年

第八章　神秘主義――スーフィズム

赤堀雅幸・東長靖・堀川徹編『イスラームの神秘主義と聖者信仰』、東京大学出版会、二〇〇五年
アッタール『イスラーム神秘主義聖者列伝』（藤井守男訳）、国書刊行会、一九九八年

ガザーリー『誤りから救うもの——中世イスラム知識人の自伝』(中村廣治郎訳)、ちくま学芸文庫、二〇〇三年
シャイフ・ハーレド・ベントゥネス『スーフィズム——イスラムの心』(中村廣治郎訳)、岩波書店、二〇〇五年
中村廣治郎『ガザーリーの祈禱論——イスラム神秘主義における修行』、大明堂、一九八二年
R・A・ニコルソン『イスラムの神秘主義』(中村廣治郎訳)、平凡社ライブラリー、一九九六年
同『イスラーム神秘主義におけるペルソナの理念』(中村潔訳)、人文書院、一九八一年
ルーミー『ルーミー語録』(井筒俊彦訳)、岩波書店、一九七八年

第九章　むすび——近代への序曲

飯塚正人『現代イスラーム思想の源流』、山川出版社、二〇〇八年
W・C・スミス『現代イスラムの歴史』(中村廣治郎訳)、上下、中公文庫、一九九八年
中村廣治郎『イスラームと近代』、岩波書店、一九九七年
ディリップ・ヒロ『イスラム原理主義』(奥田暁子訳)、三一書房、一九九四年
山内昌之『現代のイスラム——宗教と権力』、朝日選書、一九八三年
同『イスラムのペレストロイカ』、中公叢書、一九九二年

解説

山内昌之

「イスラムが自由主義や共産主義と同様に、独自の道徳律や政治的・社会的正義の教えをもとに体系的かつ一貫したイデオロギーを作り上げているのは事実である。イスラムは、特定の民族や国民の構成員にとどまらずに、広く全世界の人びとをとらえるだけの潜在的な魅力をもっている。しかも、イスラムはリベラルな民主主義をイスラム世界の各地で現実に打ち破り、政治権力を直接におさえていない国々においても自由主義に対する深刻な脅威となってきた。ヨーロッパでの冷戦の終結直後、西側諸国はイラクの挑戦を受けたが、イスラムがその一つの要因であるといえなくもないのである」

これは、一貫した進歩のプロセスと見なされていた「歴史」の終わりを宣言した話題の書、フランシス・フクヤマの『歴史の終わりと最後の人間』(*The End of History and the Last Man*)の一部である(『歴史の終わり』として訳出された渡部昇一氏の訳文を少し変えた)。フクヤマのように、共産主義やファシズムに対するリベラルな民主主義の優位に信念をもつ人物でさえ、イスラムが現代の世界で依然として大きな活力を維持していることに注目せざるをえない。もちろん、彼の立場からして、理念のレベルではイスラムがリベラルな民主主義の後塵を拝することを強調した上でのことだが。

フクヤマが、共産主義の退潮後の世界において、イスラムを西欧的価値観への最大の挑戦者と見なしていることは明らかである。それでいながら、イスラムのどの部分が脅威になるのかについては、理論的に分析しようとしない。もっとも、この点はフクヤマだけを責めるわけにはいかない。日本でも、社会科学者のなかには、独自の方法や関心に立って中東やイスラム世界を分析する作業を最初から断念してしまう傾向が見られるからである。

たしかに、アングロサクソンを中心とする欧米のリベラルな民主主義や、日本の「イエ社会」的な勤労慣行とまったく異質なイスラムの教理について、日本人に向かって説明することはたやすくない。こうした地道な仕事は、欧米社会への単純な反発のレトリックによって果たされるものではない。それには、欧米や日本の社会現象への鋭い洞察力とバランス感覚に富んだ学識に支えられながら、わかりやすい日本語で読者に向かって明断に語りかける能力が不可欠とされるであろう。この意味では、一九七七年に初版が出されて二〇一二年まで一七刷を重ねながら、江湖に迎えられている中村廣治郎の『イスラム　思想と歴史』も、現代アジア論を語る時に間違いなく欠かせない書物である。

内在的理解への姿勢

この本の構成は、一見すると新奇なものがないように思えるが、実際にはかなり考えぬかれたコンポジションになっている。著者は、聖典、預言者、共同体、異端、聖法、神学、政治、神秘主義などに分けて、難解とされるイスラムの思想と教理をわかりやすく順序立てて説明している。最初に聖典つまりコーランの解説をもってきたのは、意味深長である。ともすれば人びとのイスラム・イメージを砂を噛むように無味乾燥にするのは、コーランの物語性の欠如であり、常識的な道徳的訓戒や多神教徒への執拗な非難の繰り返しだからである。旧約聖書や新約聖書になじんだ非イスラム教徒からすれば、宗教的感動にはほど遠く、誰でも経験するようにコーランを最後まで読破するのは簡単な技ではない。

中村は、こうしたイスラム・イメージがコーランを聖典とするムスリムの信仰や行動の無理解につながるとして、コーランは神が預言者ムハンマドに直接に語りかけたように、朗々と声を出して誦んで耳で聞くものだと説明する。完成された一個の芸術としてのコーラン読誦の「一瞬の間と静寂、それらはオペラのアリア以上に聞く者を美的陶酔に誘う」というのだ。こうしてイスラムを内在的に理解しようとする姿勢は、欧米人学者と伝統的ムスリム学者によるコーラン研究への論評にも発揮される。ムスリム学者の研究が十分に歴史的ではなく、史料批判にも甘さが見られるのは事実である。

他方、欧米人学者の側にも「専らコーランの歴史性にのみ注目して、他のより本質的な側面、つまりムスリムにとってそれは神の言葉として超歴史的な性格をもつという点を見落したこと、あるいはそれを充分に評価しなかった」ことの限界を指摘するのも忘れない。これは、中村がアメリカでイスラム学の訓練を受けたことと照らし合わせると、まことにフェアな視角だと言ってよい。

こうして、『コーラン』の中のコンセプト解釈にあたってユダヤ＝キリスト教的伝統やアラブ的伝統からムハンマドが受けた影響を強調しがちな欧米の学者とは違って、中村はムハンマドやムスリムたちがすべて、神の言葉とムハンマドの言葉とを厳密に区別している点を強調して、「彼らの主体的行動を理解するには、われわれも一応彼らの視点に立ってこの点を区別して見直してみる」ことを提案する。また、ムハンマドが受けた啓示の性格を理解する際にも、すべてを歴史主義の観点から考えることを避けて、価値中立的であろうとする。

こうした中村の姿勢は、一言でいえばその後エドワード・サイードがオリエンタリズム批判のなかで議論したような、欧米的な知の枠組みでイスラムを議論する傾向を早くから反省していたことを意味する。声高な割には歴史的実証性に乏しいサイードや、その議論にくみしながら自前のディコンストラクションを果たしきれない日本の一部の中東研究者と違って、中村がイスラム研究の内在的な方向性の必要をさりげなく叙述していたことが注目されるのである。

また、中村がこの書物の中で開示したのは、イスラムがすぐれて「倫理的宗教」だという点である。イスラムはたしかに神への絶対的服従を命令するが、神への信仰は人間の具体的な倫理的行動を通して表現される。人間はいずれも自らの信仰と行為に応じて報いを受けざるをえない。つまり、正義を行い、善行をなせば良い報いを受け、罪を犯し不正をなせば悪い報いを受ける。この厳格な因果応報の倫理という点において、人間の具体的な行動を重視する宗教がイスラムだともいえよう。イスラムの原理からすれば、人間の価値は財の多寡にあるのではなく、信仰と善行にある。両親や弱者には優しくし、貧者には自らの財を快く分け与える相互扶助の倫理がイスラムの特徴だというのである。

もっとも中村は、ムハンマドが経済的富の不平等な配分を批判して社会変革を志した革命家だという解釈を斥ける。神の啓示を伝達したムハンマドの宗教運動が社会改革として機能したとしても、運動は一義的には神のためのものであり、改革そのものを目的としなかったからだという。この点は、マルクス主義を継承する現代の社会変革運動と違うイスラム復興（原理主義）運動の性格を考える上でも重要である。実際に、中村の書物は、近代以前の歴史を中心にイスラムの基本理論を解説することに向けられているが、現代イスラムが抱える問題を間接的に照射している点にも大きな特徴がある。

「目に見える」面と「目に見えない」面

現代イスラムの分析が中村の究極的な関心ではないかと思われるほど、著者のアクチュアリティへの感覚は鋭い。一九七〇年にハーバード大学でガザーリー研究によって学位を得た中村は、帰国後の七三年に英文学位論文の後半の訳注部分を『*Ghazali on Prayer*』（ガザーリーの「再生論」、東洋文化研究所）として刊行したが、すぐ翌年にはウィルフレッド・カントウェル・スミスの『現代におけるイスラム』を翻訳していたことが想いおこされる。中村は、イラン・イスラム革命や湾岸戦争に際してイスラム学の専門家として社会的な発言を求められたことがあるが、いずれの場合にも欧米社会とムスリム社会の構造の比較や相互交流の歴史などに焦点をあて、冷静で説得力に富む議論だったことが印象に残っている。この本の中でも、イスラムの共同体（ウンマ）の性格を「目に見える」面と「目に見えない」面から分析する中村の視点は、現代イスラムの一部がたえず何故に「原理主義」として急進化するのかを考える上で、大きな示唆を与えてくれる。

『聖なる共同体』がもつこの二つの側面、いい換えれば、そのあるべき姿とそれが現実にある姿は完全に一致することはない。それは静的固定的な意味においてそうなのではない。常に変化する具体的歴史の中にあり、またその中にしか存在しえない『聖なる共同体』は、断えずさまざまな人間的歴史的諸要因によってそのあるべき姿から遠ざかり俗化するような作用を受ける。それに対して成員の信仰は、常にある姿をあるべき姿へと引き上げ聖化するように作用するものなのである。このように『聖なる共同体』は常に相反する二つのヴェクトルの相克と緊張の中にあり、その均衡状態が『目に見える』現実の姿であるともいえる。したがって、宗教集団を宗教集団として正しく理解するには、その現実のあるがままの姿のみをとらえて、それが目指しているあるべき姿、つまり『目に見えない』面を見落としたり、逆にその理想のみをとらえて現実の姿を無視したりしてはならない」（傍点、原文）

こうした「聖なる共同体」は生活共同体として、個人の「霊的」領域のみならず、日常の社会生活全般に関わる「俗なる」領域をも包み込んでいる。だとすれば、イスラムが現世的な問題にも積極的に関わろうとするのは当然だろう。イスラムにおける「正統」と「異端」、激しい分派対立は、この関わり方をめぐる解釈の違いだと考えることもできよう。この点で中村が、仮に正統をスンナ派、異端をシーア派（およびハワーリジュ派やムゥタズィラ派）とする一般的な区分に従いながら、試みているような、信仰と社会生活との関わりの解釈は、現代のイスラム世界に属する市民の政治感覚を考える上でも大きな手がかりともなるだろう。中村によれば、正統派と呼ばれるグループは、神の啓示の中にある高い宗教的倫理的思想を指向しながらも、その実際的な適用ではきわめて現実的であることを強調する。多数の支持を得る正統派は、平均的な信徒でも実行可能で、彼らでも救済可能な方法を説こうとする。また教義内容についてみると、啓示の特定部分を極端に強調するのではなく、啓示を全体として満遍なくとらえ、調和的に解釈しようとするのだ。

こうした穏健な傾向は、イスラム共同体のもつ二つの側面、「目に見える」面と「目に見えない」面の双方を充分に自覚した結果だからだ、というのが中村の見解である。共同体の使命と理想を自覚しながらも、それが決して完全たりえないことを充分に知っているのが正統派なのである。正統派は穏健で急激な変革を好まず、中道的で体制維持を求める多数派を代弁するという中村の見方は、現代中東のムスリム社会の特質を考える上でも意味深い。

これに対して、体制的多数派への批判として現れる異端派の主張は、純粋な啓示への復帰を主張するが、その解釈は常に部分的一面的であり、ラディカルでさえある。彼らは、多数派の堕落や妥協を批判するために、きわめて高い倫理的基準をもっている。このグループが決意した少数の英雄や情熱に動かされる若者を引きつけるのは当然であろう。中村は、道徳的リゴリズムともいえるその基本的な立場を「達人的英雄主義」と名付ける。この行動的なエリート集団が必然的に少数派たらざるをえないのは、今に至るまで宿命ともいえよう。この議論は、現代の社会集団の組織性を解明する上でも有益な洞察となっている。ここにも本書がもっているアクチュアリティへの鋭い感覚がうかがわれるのである。

ハワーリジュ派の提起したもの

この興味深い議論をさらに展開するにあたって、ハワーリジュ派に例をとって考察する箇所は、本書の圧巻ともいえる。ハワーリジュ派とは、六五七年のスィッフィーンの戦いにおいて、ウマイヤ家のムアーウィヤとの妥協を選んだ四代目カリフのアリーを批判し、そこから「出て行く者」つまり「ハーリジー」の複数形に由来した名称である。ハワーリジュ派は、信仰の純化を求めてアリーを殺害し、ウマイヤ朝にも反旗を翻してゲリラ戦争に入る。アッバース朝に入っても、ハワーリジュ派の反乱は続いたが、結局、この派の社会運動は失敗した。その理由としては、何よりもその狂信性と非寛容な態度のために、激しい内部抗争を生んだこと、主張が余りにもラディカルだったために、大衆からの孤立化を生んだことがあげられる。

その一急進分派にいたっては、自分たちの運動に参加しない者、つまり悪を坐視して行動しないことは、「不信仰」（クフル）または「背教者」（ムルタッド）であると確信した。そうした人びとにはいま一度棄教を勧めて、なお応じない場合には公然と信仰を捨てた者として、殺害してもよいとした。こうして彼らは、誰かれの区別なく質問を発して、その主張を実行してゆき、一般のムスリムを恐怖に陥れたのである。

ハワーリジュ派の提起した問題の質は、中村もおそらく意識していると思われるが、現代のイスラム復興主義の社会運動とかなり通底する性格をもっている。その共通性は、第一に強烈な終末意識と現体制否定の思想、第二に行為の重視からくる倫理的なリゴリズム、第三に平等主義へのあこがれに現れている。カリフのアリーさえ殺害したように、大罪を犯せば誰でも報いを受けるというハワーリジュ派の倫理主義は、信仰から逸脱した者は来世の地獄だけでなく、現世でも相応の罰を受けるべきだとして、サーダート・エジプト大統領を暗殺した現代のイスラム復興主義者の主張を思わせる。

ハワーリジュ派が共同体内外の不正や悪と妥協しようとしなかったのも、現代イスラムの急進性と共通する面がある。しかし、何が悪であり、大罪であるのかを誰がどのように決定するのだろうか。懺悔をしても神の許しは得られないものなのか、そもそも人間は罪を犯さないでいられるものなのか。こうした複雑な問題を解決するには、ハワーリジュ派はあまりにも直情径行にすぎた。

「彼らはその理想とする共同体を地上にそのまま実現しなければならないと考えた。つまり、現実のウンマを完全に理想的なものにすることができると信じ、またそうしようとしたのである。そして失敗し、玉砕したのである」。

結局、ハワーリジュ派が提起したのは、現存の政治体制の是非をめぐる問題である。一般のムスリムにとって、ハワーリジュ派のもつ強烈な倫理性には共感できる点があったにしても、その行動に同調して生死を共にすることはできなかったに違いない。現代でもイスラム復興主義の純粋性に拍手を送ることと、そのミリタンとなって殉教の道を選ぶことでは自ずから意味が違ってくる。現在にいたるまで、善良な「一般市民」もしくは常識あふれる「庶民」とはそうした存在なのである。その場合、ハワーリジュ派に屈して自らの不正や罪を認めたくなければ、彼らの一面的主観的解釈を神意でないと斥ける以外に、自らの正当性を積極的に弁護する道はない。信仰と行為をイコールにするのでなく、両者を一応切り離す工夫をするわけである。これは、信仰告白をし、その意味を理解している者はすべて「信仰者」なのであって、罪によって「信仰」が失われることはないという解釈につながる。

こうした考えは、共同生活を営む以上どの世界にも共通するきわめて常識的な立場を代表している。そして、現在のスンナ派の基本的な流れもこうした立場から出ていることを、歴史と思想の分析をクロスオーバーさせることによって、わかりやすく一般読者の前に呈示したのが本書なのである。

イスラムが「常に政治権力を必要とし、それを求める宗教、信仰を常に政治的に表現しようとする宗教」であることを、イラン・イスラム革命の起きる二年以上も前に、著者四十一歳の時に、さりげなく分析していたこの書物には高い評価が与えられてしかるべきだろう。

参考文献

『井筒俊彦著作集』全一二冊、中央公論社、一九九一―九三年
黒田壽郎『イスラームの反体制――ハワーリジュ派の世界観』、未来社、一九九一年
中村廣治郎『ガザーリーの祈禱論――イスラム神秘主義における修業』、大明堂、一九八二年
W・C・スミス『現代におけるイスラム』(中村廣治郎訳)紀伊国屋書店、一九七四年
牧野信也『創造と終末――コーラン的世界観の構造』、新泉社、一九七二年
山内昌之『現代のイスラム――宗教と権力』、朝日新聞社、一九八三年

※山内昌之・長崎暢子編『現代アジア論の名著』(中央公論新社、一九九二年)に所収の文章を、一部修正のうえ解説といたしました。

新装版あとがき

本書が一九七七年に初めて世に出てからはや三五年になる。その二年後の一九七九年、イランにイスラム革命が起り、同年末には旧ソ連軍のアフガニスタン侵攻がある。世界各地からムスリム戦士がそこに集まり抗戦し、一〇年後にソ連軍を撤退させる。帰国したムスリム戦士たちは、それぞれ自国で「ジハード」を展開し、それが二〇〇一年のウサーマ・ビン＝ラーディンによるアメリカでの同時多発テロにつながったことは記憶に新しい。

これが結果的に中東・アラブ諸国の独裁体制の強化となり、それが「アラブの春」を生むきっかけとなった。この民主化の動きが皮肉にもイスラムの再生となる気配がある。それが具体的にどのようなものになるかはまだ不明であるが、新しいグローバル化の状況に相応しいイスラムであることを期待している。

このような流れの中で本書が静かに読み継がれ、この度「新装版」として増刷されるに至ったことは、著者にとってこれに勝る喜びはない。おそらくその理由の一端は、聖典（コーラン）、預言者（ムハンマド）、共同体（ウンマ）、聖法（シャリーア）といった宗教としてのイスラムの基本的項目の意味を、比較と歴史の視点から考えてみようとしたからだと思われる。

ただ、第四章の表題に用いられた括弧つきの「異端」の語に不満を覚える読者もおられるかもしれない。もちろん、これは当時読まれていた堀米庸三著『正統と異端』(中公新書、一九六四年)を下敷きにしているもので、キリスト教の神学用語としてではなく、あくまでも歴史学用語として用いていることをご理解いただきたい。つまり、イスラム共同体の体制派(後のスンニー派)に対して異議を申し立てる反体制派という意味である。

この増刷に当っては、若干の字句の訂正、「参考文献」の大幅な改定を行なった。さらに畏友、山内昌之教授の「解説」を付すことができたのは幸いである。本解説は、元々、長崎暢子・山内昌之編『現代アジア論の名著』(中公新書、一九九二年)の一部として執筆されたものであるが、山内教授の了承を得て転載させていただいた。心よりお礼を申し上げたい。末尾ながら、本書を「新装版」としての増刷に努力して下さった編集部の山本徹氏にもこの場をお借りして感謝の意を表したい。

二〇一二年一一月

中村廣治郎

著者略歴
1936 年　福岡県に生れる
1960 年　東京大学文学部宗教学科卒業
1970 年　米国ハーバード大学大学院
　　　　　博士課程修了，哲学博士（Ph.D.）
1987 年　東京大学文学部教授
1997 年　同大学定年退官．桜美林大学国際学部教授
2007 年　同大学定年退職
現　在　東京大学名誉教授，桜美林大学名誉教授

主要著書
「ガザーリーの祈禱論」（1982，大明堂）
「イスラームと近代」（1997，岩波書店）
「イスラム教入門」（1998，岩波書店）
“Ghazali and Prayer”, 2001, Kuala lumpur
「イスラムの宗教思想――ガザーリーとその周辺」（2002，岩波書店）

新装版　イスラム　思想と歴史

1977 年 4 月 20 日　初　版　第 1 刷
2012 年 12 月 20 日　新装版　第 1 刷

［検印廃止］

著　者　中村廣治郎《なかむらこうじろう》

発行所　一般財団法人　東京大学出版会
　　　　代表者　渡辺　浩
　　　　113–8654 東京都文京区本郷 7–3–1
　　　　電話 03–3811–8814・FAX 03–3812–6958
　　　　振替 00160–6–59964

印刷所　研究社印刷株式会社
製本所　誠製本株式会社

ISBN 978-4-13-013028-8　Printed in Japan